이토록
유익한
인터뷰

정지효

인터뷰어의 편지

달리기를 시작한 지 10년이 좀 넘었다. 숨이 턱까지 차오르게 뛰고 걷다 보면 생각은 단순해지고 기분은 한결 가벼워진다. 뛰어 본 사람이면 안다. 인생은 달리기와 비슷하다. '아, 더 이상 못 뛰겠다.' 생각이 들 때, 반대편에서 달려오는 사람들을 만나면 꽤 도움이 된다. '나보다 멀쩡해 보이지만 사실 속으로는 엄청 힘들 거야, 지금 당장 그만두고 싶을 거야.' 이렇게 생각하면 다시 뛸 힘이 생긴다. 인지상정이든 정신승리든 나처럼 힘들어하는 사람을 만나면 안도감이 생기는 것이다. 나만 힘든 건 아니라는 생각에.

매일 달리는 길에서도 언제 굴러왔는지 모를 돌덩이에 걸려 넘어지는 것처럼, 살다 보면 인생의 장애물이 무심하게 툭툭 등장한다. 사회생활에 굳은 살이 생긴 나이에도 뜻하지 않은 장애물을 만나면 누구나 휘청거리기 마련이다. "왜 나한테 이런 일이 생기는 거지?" 아무리 원인을 찾으려고 질문해봤자 답이 나올 리가 없다. 원래부터 정답이 없는 난제이기 때문이다. 그런데 시간이 지나면 알게 된다. 나에게만 생긴 일이 아니라 누구에게나 일어날 수 있는 평범한 일이라는 것을. 그렇게 조금씩 평정심을 찾으며 일상으로 돌아온다. 세상 누구도 특별 대우를 받을 만큼 독보적인 존재는 없다. 다만, 세상 누구보다 소중한 존재가 나라는 사실을 잊지 말아야 한다. 그 마음을 가지고 다시 일어나는 것은 중요하다.

달리기나 인생이나, 힘든 고비에 주저앉은 나를 다시 일어서게 만드는 힘은 결국 사람에게서 나온다. "아픔이 스토리가 되게 하라" Vexatio storia fiat. (벡사티오 스토리아 피아트) 갑자기 당한 일로 한참 헤매고 있던 나에게 <라틴어 수업>의 저자인 한동일 교수님이 해주신 말이다. 나의 아픔을 흔해빠진 상처로 뭉개서 술자리에서나 내 편을 들어줄 게 분명한 사람 앞에서 하소연하듯 풀지 말고, 나를 모르는 사람들 앞에서도 내가 살아온 증거로써 귀하고 신중하게 풀어내라며 일러주셨다. 소란하던 마음이 한 순간에 고요해지고 다시 새로운 일을 시작할 마음이 생겼다. 역시 어른 말씀은 잘 들어야한다.

나의 아픔을 스토리로 만들기 위해 선택한 것이 인터뷰다. 광주일보 기획 연재로 시작한 <이토록 유익한 인터뷰>는 알아두면 유익한 지식과 함께 삶을 통찰하는 지혜를 전하기 위해 사회, 문학, 철학, 경제, 과학 등 각 분야에서 종횡무진 활동하고 있는 전문가, 그리고 만나고 싶은 셀럽들의 이야기로 채웠다. 한 사람의 응축된 지혜를 듣는 일이야말로 최고의 공부라는 사실을 인터뷰이와의 대화를 통해 새삼 깨달았다. 결과의 위대함이 아니라 살아가는 일의 위대함을 느끼게 해 준 열 세 번의 특별한 대화가, 힘든 시기를 보내고 있을 여러분들의 삶에도 새로운 스토리가 되어 이어지길 바란다.

정지효 드림

한민
문화심리학자

여행은 힘들다.
비행기나 열차 안에서 보내야 하는 긴 시간,
더럽고 지저분한 거리, 들쭉날쭉한 날씨,
사람들에 치이며 일정을 보내다 일상으로 돌아온다.

하지만 사람들은 또다시 여행을 꿈꾼다.
다니엘 카네만은 인간에게는 경험하는 자아와
이야기하는 자아가 있다고 했다.

우리가 힘든 여행의 기억을 잊고
다시 여행을 떠나는 이유는
이야기하는 자아 때문이다.

정지효 작가는 이야기를 찾는 사람이다.
강바닥의 모래를 체로 쳐서 사금을 찾아내듯이,
어제와 같은 오늘, 오늘과 같은 내일을
살아가는 사람들이 살아가는 이유를 걸러낸다.

그가 찾아낸 열세 편의 이야기들을 읽고 나면
흘러가는 내 삶 속에 깔려있는 이야기도
궁금해지기 시작한다.

힘들고 지치는 인생이라는 여행에서
삶의 의미를 찾게 하는
소소하지만 힘있는 이야기들을 만나보자.

추천의 글

박은주

TBS PD

역사를 품은 역, 역세권 저자

정지효 작가는
어떤 사람의 말에 귀를 기울여야 하는지,
어떤 사람에게 더 마음을 써야 하는 지,
어떤 사람을 더 위로해야 하는 지를
누구보다 잘 아는 인터뷰어이다.

마주한 사람의 작은 아픔에도 공감할 줄 아는
그의 귀한 마음이 모여 한 권의 책에 담겼다.

그의 따뜻한 시선이 머무른 13명의 이야기에
귀를 기울여보자.
지친 일상의 동력을 얻고 싶다면
이 책을 꼭 펼치길 바란다.

마지막 장을 덮는 순간,
오늘도 잘 버티고 살아가는 너와 내가
얼마나 소중한 존재인지를 깨닫게 될 것이다.

여기에 시끄러운 마음 또한 평온해질 테니
'이토록 유익한 책'이 또 어디 있겠는가.

목차

지구를
사랑하는
벨기에
청년

줄리안 퀸타르트

3초 동안 할 수 있는 일이 얼마나 있을까. 세상을 떠들썩하게 만든 인공지능 '챗GPT'도 5초 만에 답을 내놓는다고 하니, 3초는 그야말로 찰나의 순간이다. 하지만 살다보면 찰나의 순간에 모든 것이 결정되기도 한다. 어떤 일을 할지 말지, 이 말을 할지 말지, 심지어 처음 만난 상대를 계속 만나고 싶은지 아닌지 결정하는 데 3초면 충분하다. 이른바 3초의 법칙으로 불리는 첫인상 효과는 처음 이미지가 단단히 굳어 버린다는 뜻으로 콘크리트 법칙으로 불리기도 하는데 그만큼 첫인상이 사람들에게 매우 중요하다는 의미일 것이다.

　환한 미소가 아름다운 벨기에 청년, 줄리안 퀸타르트와의 첫 만남도 3초면 충분했다. 재활용 페트병으로 만든 운동화를 신고 한 손에는 텀블러를 든 채 나타난 그는, 약속시간에 늦을까봐 택시를 타고 왔다면서 스스럼없이 말을 건네왔다. 낯섦을 느낄 새도 없이 친근하게 다가온 줄리안의 진심은 상대방을 무장해제 시키는 매력이 있다. 그는 한국에서 벨기에를 대표하는 유명 방송인이자 열혈 환경 운동가이다. 몸소 채식을 실천하며 자전거와 대중 교통을 애용하고 주한외국인봉사센터를 창단해 플로깅(조깅을 하며 쓰레기를 줍는 활동)을 하고 제로웨이스트 복합문화공간을 운영하면서 다양한 환경 이슈를 알리는 데 앞장서고 있다.

하루 24시간이 부족한 일정이지만 여전히 하고 싶은 일이 많다는 줄리안. "세상을 바꾸고 싶다면 자신부터 바꾸라"고 했던 마하트마 간디처럼 개인의 변화가 세상을 변화시키는 힘을 가지고 있다고 굳게 믿고 있다. 지구 환경을 지키기 위해 자신의 목소리를 좀 더 키우고 싶다는 그의 진심을 만나보자.

제가 2004년에 한국에 왔으니까 한국 생활을 시작한 지 올해로 20년 차입니다. 원래 제 소개를 할 때 한국에서 제일 유명한 벨기에 사람이라고 자부심을 갖고 말해 왔는데 몇 년 전부터 하지 못하고 있어요. 방송에서 소개한 조카 우리스가 많은 분들의 사랑을 받으면서 지금은 '한국에서 두 번째로 유명한 벨기에 사람' 줄리안으로 소개하고 있습니다. 우리스는 저보다 SNS 팔로우 수까지 많아서 이제는 줄리안 조카 우리스가 아니라 우리스 삼촌 줄리안으로 소개해야 할 정도예요. 1등 자리를 놓친 건 아쉽지만 우리스 덕분에 벨기에가 더 많이 알려지고 또 관심가져주는 분들이 많아져서 뿌듯합니다.

벨기에에서 고등학교를 다닐 때 로터리클럽에서 운영하는 국제 교환학생 프로그램이 있었어요. 친구들은 주로 북미권이나 유럽 국가들을 선택했는데 저는 완전히 낯선 나라에서 새로운 경험을 하고 싶은 마음이 컸어요. 그래서 선택한 곳이 '한국'이었죠. 2004년 8월 14일, 열일곱살에 처음 한국에 도착했는데 지정된 학교가 서울같은 대도시가 아니라 충청남도 서천군에 있는 한 작은 중학교였습니다. 당시에 저를 포함해서 외국인 교환학생 5명이 함께 생활했는데 외국인은 눈 씻고 찾아볼래야 찾아볼 수 없는 아주 작은 시골 마을에 외국에서 온 10대 청소년들이 한국말을 공부하러 왔다고 하니 얼마나 신기했겠어요. 우리들이 지나가기만 해도 시선집중. 방송을 통해서 우리들의 생활이 소개되면서 소문이 나기 시작했어요. 아마 그 때부터 유명세가 시작됐다고 해도 과언이 아닐 거예요. 충남 서천에서 4개월 정도 지내다가 서울 학교로 옮기게 됐는데 한국어가 제법 늘면서 할 수 있는 일이 많아졌습니다. 지금이야 대한외국인이라고 해서 한국어를 잘하는 외국인 친구들이 많지만 당시에는 제가 한국어까지 곧잘 하는 보기 드문 외국인 인재였죠. 벨기에 귀국 직전에 SBS <잘 먹고 잘 사는 법>에 섭외가 돼서 촬영만 마치고 벨기에로 돌아왔는데, 한국에서 방송이 되자마자 화제가 된 거예요. 담당 PD가 벨기에에 있던 제게 계속 방송하자고 러브콜을 했어요. 사실 저도 벨기에로 돌아와서 한참 진로를 고민하고 있기도 했고, 또 한국생활이 그립기도 해서 다시 돌아올 결심을 한 거죠. 그 이후로 지금까지 쭉 한국에서 잘 먹고 잘 살고 있습니다.

환경운동에 대한 관심은 언제부터 시작됐나요? 제가 태어난 곳은 벨기에 리에주 근교에 자리한 아이웨일(Aywaille)에서도 한참을 더 들어가야 도착할 수 있는 아주 작은 시골마을입니다. 마을 인구라고 해봐야 50명 미만으로 사람보다 야생 염소가 더 많은 곳이었어요. 부모님은 젊은 시절부터 환경 운동에 관심이 많은 분들이었는데 당시 유럽에서는 농약으로 인한 생태계 파괴 문제가 공론화되면서 유기농법이나 친환경제품에 대한 관심이 부쩍 높아질 때였어요. 제가 어릴 때 부모님 두 분이 "우리가 유기농 판매점을 차리자."고 결심하고 아이웨일(Aywaille)에 가게를 내셨는데, 사실 1980년대에 대도시도 아닌 작은 시골마을에서 유기농 판매점을 차린다는 건 돈을 버는 것과는 거리가 먼 선택이었죠. 주변에서 다들 가게를 차리자마자 망할 거라고 걱정을 많이 했다고 하는데 예상과 달리 가게 운영이 잘 돼서 꽤 오랫동안 유기농 가게를 운영하셨어요. 덕분에 저는 어릴 때부터 항상 유기농이나 친환경 제품들을 접할 수 있었고 자연스레 환경운동에 대한 관심도 생긴 것 같습니다. 환경운동을 본격적으로 시작해야겠다고 결심한 계기는 한 다큐멘터리 프로그램 때문이에요. 미국 전 부통령이자 환경운동가인 앨 고어의 <불편한 진실>을 보고 나서 기후위기의 심각성을 알게 됐고, 이후 환경과 관련된 공부를 하면서 지구 환경을 지키기 위해 무엇을 해야 하는지 구체적인 행동 계획을 세우게 됐습니다.

요즘에는 방송인 줄리안보다 환경운동가 줄리안으로 더 유명한 것 같아요.

방송인 줄리안을 좋아하고 알아봐 주시는 분들이 많아져서 행복한데요. 그것보다 더 좋은 것은 제 목소리의 힘이 커졌다는 사실입니다. 제 목소리에 귀기울여 주시는 분들이 많아지면 좀 더 적극적으로 환경 이야기를 하고 싶었는데 그 바람이 이뤄진 거죠. 처음 환경운동을 시작할 때 개인적인 변화에 초점을 맞췄다면, 지금은 대중들의 변화를 이끌어낼 수 있는 다양한 활동에 더 신경쓰고 있습니다. 각종 강연부터 행사, 인터뷰까지 환경운동가 줄리안의 목소리가 필요한 곳이라면 어디든지 달려갈 준비가 돼 있습니다.

기후위기가 심각하다고 해도 당장 행동이 바뀌지는 않는 것 같아요.

기후위기는 달리는 기차와 비슷해요. 기차가 역에 도착하기 전에 천천히 속도를 줄여서 멈추잖아요. 기후위기는 전 인류가 당장 오늘부터 행동을 바꾼다고 해도 멈출 수 있는 일이 아닙니다. 그렇다고 손놓고 있을 수만은 없잖아요. 기후위기라는 기차를 멈추게 하고 싶다면 한시라도 더 빨리 브레이크를 밟아야 하는 거예요. 특히 한국처럼 국토가 모두 바다로 둘러싸인 국가는 더 위험한데요. 지금처럼 탄소를 배출하면 2050년에는 인천공항이나 목포, 여수 같은 항구도시들이 바닷속에 잠길 위기에 처해 있습니다. 정말 심각한 상황인데 왜 가만히 있을까요? 기후위기가 심각하다는 건 알고 있지만 아직 자신의 일처럼 느껴지지 않기 때문입니다. 2021년에 호주에서 큰 산불이 났을 때 유럽에서는 역대 최악의 홍수로 막대한 피해가 발생했는데요. 당시에 벨기에 갈 기회가 생겨서 피해 지역에 가 봤어요. 마을의 모습이 정말 처참했습니다. 계곡을 따라 모여있던 집들이 흔적도 없이 사라지고 전쟁 터처럼 바뀐 마을을 보면서 머지 않은 미래에 누구에게나 닥칠 수 있는 일이구나 생각하니 공포감까지 느껴졌습니다. 기후위기는 재난·재해 뿐만 아니라 경제·사회 분야부터 지구 생태계까지 위협하고 있어요. 우리 모두가 정말 진지하게 고민해서 대안을 찾고 행동을 바꿔야 할 때입니다.

환경운동을 하면서 '기후우울증'을 겪었다면서요?

한참 환경운동을 열심히 하고 있었을 때 패션쇼에 초청받아서 간 적이 있어요. 화려한 패션쇼를 보고 밖으로 나왔는데 패션 쇼장에서 나눠줬던 물병이며 기념선물, 바닥에 깔았던 카펫과 음식 쓰레기까지 한꺼번에 섞여서 산처럼 쌓여 있는 거예요. 갑자기 뒤통수를 세게 얻어맞은 기분이었어요. '내가 텀블러를 들고 다니는 의미가 있나?', '나 혼자 일회용품을 줄인다고 효과가 있을까?' 수많은 생각이 들면서 제가 하는 환경운동 실천이 별 의미없는 일처럼 느껴지고, 아무리 노력을 해도 변화가 없는 현실에 희망을 잃었던 것 같아요. 한동안 기후우울증 때문에 힘이 빠져 있었는데 <더 게임 체인저스 (The Game Changers)>라는 다큐멘터리를 보고 극복할 수 있었습니다. 인간의 신체 능력을 강화하고 건강을 증진하는 식단에 대한 내용이었는데요. 채식에 대한 오해와 선입견을 바로잡을 수 있었어요. 평생 고기를 한 번 먹지 않은 보디빌

더부터 채식주의자로 유명한 세계 정상급 운동선수들의 이야기를 들으면서 채식 식단의 놀라운 변화를 확인할 수 있었습니다. 채식 이라는 새로운 화두로 환경운동의 전환점을 맞게 된 거죠. 기후우 울증을 완전히 털어버릴 수 있었던 건 <더 게임 체인저스 (The Game Changers)>를 제작한 루이 시호요스 감독과의 인터뷰 덕분이었는데 요. 어떤 상황이 100% 바뀔 때까지 기다리는 일은 너무 힘들지만 그 사회에 있는 10%의 사람들만 바뀌면 변화는 가속화될 수 있다 는 말이 제게 힘이 됐어요. 첫 시작의 불편함을 안고 가는 사람들 이 있어야 모두가 변할 수 있고, 비주류가 주류로 바뀌기 위한 가 속화 티핑포인트는 단 10%에 달렸다는 사실. 앞으로 5년이나 10 년 후에 10% 이상의 변화가 일어난다면 우리 지구에도 그만큼 희 망이 커진다고 생각합니다.

환경운동을 하다가
채식주의자가
된 건가요?

채식은 지구환경을 지키는 최선의 선택일 수 있어요. 지구를 위험하게 만드는 온실 가스의 20% 이상이 축산업에서 나오는 데 소를 사육하면서 나오는 메탄가스가 이산화탄소보다 86배 높 은 온실효과를 보이고 있고, 축산업에 필요한 농지를 만들기 위해 서 숲과 밀림이 사라지고 있거든요. 우리가 똑같은 예산을 들여서 온실가스 감축 대책을 세웠을 때 가장 효과가 높은 분야는 식물성 단백질 산업이라고 합니다. 식물성 단백질 즉 대체육 산업 투자를 통한 온실가스 감축 효과가 친환경 건물보다 7.5배, 전기차 보다 11배 높다는 연구결과도 있습니다. 그런데 소녀 환경운동가로 유명한 그레타 툰베리가 세계 지성들과 함께 쓴 <기후 책 (The Climate Book)>에서도 먹거리에 대한 내용은 446쪽 가운데 단 3쪽에 불과할 정도로 채식의 중요성은 낮게 평가받고 있습니다. 환경에 대해 공부하면 할수록 채식이 얼마나 중요한지 확신이 드는데 아무도 말하지 않는 게 이상했어요. 사실 '내가 이야기하면 들어주는 사람이 있을까?' 망설여졌지만 '아무도 말하지 않으면 나부터 해보자'는 마음으로 시작하게 됐습니다. 동네 소통 창구로 이용하던 SNS 플랫폼을 통해 <월요일의 채식토크>를 진행했는데, 채식주의자 여성 보디빌더부터 사찰음식 대가 스님을 모시고 채식에 대한 공부와 정보를 나누는 시간을 가졌어요. 처음에 주저했던 마음이 주변의 호응과 응원을 받고 나니 뭐든지 할 수 있다는 자신감으로 바뀌면서 열심히 채식을 전파하고 있습니다.

채식으로 지구를 지킬 수 있을까요? 요즘 제가 가장 많이 하는 말이 '채소 한 끼, 최소 한끼'입니다. 하루에 한끼만 채식으로 바꿔도 엄청난 효과를 얻을 수 있는데요. 영국에서 나온 연구 결과를 보면 모든 영국인들이 1년 동안 한 끼를 육식 대신에 채식으로 바꿀 경우에 천 6백만 대의 자동차를 줄이는 효과를 볼 수 있다고 해요. 채식만 해도 지구를 지킬 수 있는 거죠. 그리고 예전에는 채식주의자를 위한 음식들이 한정적이어서 채식을 하기가 쉽지 않았는데 지금은 식재료나 조리법이 다양해서 부담없이 채식을 즐길 수 있게 된 것도 채식주의자들에게는 반가운 소식이죠. 채식에 대한 관심이 높아지면서 세계 곳곳에서 긍정적인 변화가 일어나고 있는데요. 환경도시로 손꼽히는 벨기에 겐트시에서는 매주 '고기 없는 목요일'을 지정해서 운영하고 있습니다. 목요일이 되면 시청과 관공서, 학교와 식당 등에서 고기 없는 채식 밥상이 차려지는데요. 관공서와 학교를 중심으로 채식 요리법까지 공유하면서 '고기 없는 목요일'은 환경도시 겐트시의 정체성이 됐습니다. 또한 채식 인구가 늘어나면 기업이나 산업 생태계도 변화를 이끌어 낼 수 있는데요. 글로벌 프랜차이즈 햄버거 매장에서 비건 (채식) 버거를 만들고 유명 스포츠 브랜드에서 비건 운동화를 내놓는 이유가 뭘까요. 환경에 관심있는 소비자들이 늘어나니 기업이 위기감을 느끼고, 결국 환경운동에 동참할 수밖에 없게 된 거죠.

채식 도전이
쉬울까요?

한국 사람들은 고기를 참 좋아하는 거 같아요. 아침에는 햄이 들어간 김밥을 먹고 점심에는 차돌박이 넣은 된장찌개, 저녁에는 삼겹살 구이로 회식하고 늦은 밤에 출출하면 야식으로 치킨을 배달시키잖아요. 일주일 동안 매일 많은 양의 고기를 먹는 게 균형잡힌 식단이라고 할 수 있을까요? 우리 모두가 채식주의자가 되자는 말이 아니라 고기 먹는 양을 조금씩 줄여나가자고 말하고 싶어요. 100년 전에 누가 이렇게 고기를 많이 먹었을까요. 왕이라고 해도 지금처럼 많은 고기를 먹지는 못했을 거예요. 고기를 먹는 게 문제가 아니라 너무 많이 먹는 게 문제인 거죠. 그리고 우리가 채식을 힘들려고 하는 게 아니거든요. 저도 처음에는 유제품부터 끊었어요. 그렇게 일정 기간이 지나니까 어느 순간 아예 먹고 싶지 않은 순간이 오더라고요. 채식 도전에 나섰다가 고기가 먹고 싶다면 양을 줄여서 조금씩 먹어도 돼요. 채식의 가장 큰 적은 맛없는 채식 음식이에요. 제 주변에서 채식하기 힘들다고 말하는 사람들이 있는데 그럴 때는 맛있는 비건(채식)식당을 추천해 줘요. 맛있는 채식을 경험하고 나면 나중에는 비건식당을 열심히 찾아다니기 시작해요. 그런 경험들이 모이면 점차 식단이 채식으로 바뀌게 되고 어느새 채식하는 게 수월해질 거예요. 스스로 힘들게 하면서 채식에 도전하지 마세요.

서울 이태원에 문을 연 '노노샵'은 어떤 곳인가요?

짧게 설명하면 제로웨이스트 콘셉트의 복합문화공간이에요. 일단 '노노샵'이라는 이름은 No animal product No Plastic. 말 그대로 동물성 제품과 플라스틱 제품이 없어요. 포장재 같은 쓰레기를 최소화한 제품을 비롯해 비건용 식품과 생활용품을 판매하는데 플라스틱을 사용하지 않고 동물 유래 원재료를 사용하지 않는 제품들만 취급하고 있습니다. 환경운동에 필요한 복합문화공간이 생기면서 오랫동안 생각만 하던 일들을 하나씩 행동으로 옮기고 있는데 덕분에 창의력이 샘솟는 것 같아요. 환경 관련 도서를 판매하는 작은 서점 코너에서는 주말마다 환경 책을 주제로 북토크가 열리고, 카페에서는 한글 모양으로 맛있게 구운 비건 쿠키를 비롯해 다양한 비건 디저트를 맛볼 수 있습니다. 노노샵을 차리게 된 건 제가 필요했기 때문이에요. 우리 동네에 제로웨이스트숍이나 비건 마트가 없어서 많이 불편했는데 저처럼 필요성을 느끼는 사람들이 있지 않을까 싶어서 직접 가게를 차리게 됐습니다. 요즘 가게를 찾아오는 분들이 "가게를 열어줘서 고맙다."고 말해줘서 보람을 느끼고 있어요. 전국에 제로웨이스트 가게들이 약 2백여 개 정도 있는데 검색해보면 생각보다 가까운 곳에 있는 경우가 많아요. 많은 분들이 주변에 있는 제로웨이스트숍을 통해 환경을 위한 선한 영향력을 경험했으면 좋겠습니다.

SNS 프로필 창에 '선물 X'라고 쓰여 있는데요. 어떤 의미인가요?

플라스틱은 이미 우리의 삶에서 뗄레야 뗄 수 없는 존재가 된 것 같아요. 아예 사용하지 않는다면 좋겠지만 그럴 수는 없는 없으니까 현명하게 사용하고 최대한 적게 쓰는 방법을 찾아야 한다고 생각합니다. 방송활동을 하면서 고맙게도 저를 좋아해주시는 팬들이 많이 생겼어요. 팬분들이 선물을 많이 보내주시는데 예쁘게 포장된 선물은 어쩔 수 없이 많은 쓰레기를 만들 수밖에 없잖아요. 이대로는 안되겠다 싶어서 5년 전 생일 때부터 팬들과 함께 선물 대신 기부를 하고 있어요. 선물을 꼭 물건으로 할 필요는 없으니까요. 제가 환경운동을 하면서 바꾼 게 하나 더 있는데요. 바로 도시락입니다. 방송이나 강연활동을 다니다 보면 도시락을 준비해 주는 경우가 많아요. 주로 배달 음식인데 한 끼 식사에 플라스틱 용기며 일회용품까지 정말 많은 쓰레기가 나오거든요. 그래서 저는 따로 집에서 다회용 도시락을 챙겨서 사용하고 있어요. 미처 도시락 용기를 챙기지 못할 때는 재활용이 가능한 물건이나 생분해가 잘 되는 걸로 골라서 사용하려고 노력하고 있습니다.

독자들에게
하고 싶은 말이 있나요?
한국생활을 하면서 요즘처럼 바쁘게 지낸 적이 없는 것 같아요. <비정상회담>에 함께 출연했던 타일러 라쉬와 연예기획사를 설립했고, 자원봉사를 하고 싶어하는 외국인 친구들과 주한외국인자원봉사센터를 만들어서 플로깅(Plogging)같은 쓰레기 줍기 행사를 하고 '노노샵'도 새롭게 문을 열었죠. 사람이 말만 번지르하게 하면 진정성이 없잖아요. 제가 사람들에게 메시지를 전하려면 나만의 스토리가 있어야겠구나 싶어서 더 열심히 활동하게 된 것 같아요. 확실히 다양한 활동을 하니까 전할 이야기도 많아지고 저의 진심도 잘 전달되는 걸 느끼고 있습니다. 최근 들어서 방송인 줄리안보다 환경운동가 줄리안으로 무대에 오르는 일이 많아져서 정말 바쁘게 생활하고 있는데요. 지구 환경을 위해 제 목소리가 필요한 곳이라면 어디든지 가고 싶어요. 광주·전남 지역은 한국에서도 손꼽히는 자연생태 환경을 갖추고 있는데 소중한 지역 자원이 사라지기 전에 어떻게 지켜나갈지 지역 주민들이 함께 고민해서 실천방안을 찾는 게 중요합니다. 기회가 된다면 저도 힘을 보태고 싶습니다. 우리 안에는 정말 어마어마한 슈퍼파워가 있습니다. 10년 뒤, 20년 뒤에 '아 그때 할 걸' 후회하지 않으려면 지금 당장 조금씩 변화가 필요해요. 지구 환경을 위해서 뭔가 하고 싶은 마음이 생겼다면 주저하지 말고 함께 동참했으면 좋겠습니다.

줄리안 퀸타르트
Julian Quintart

벨기에 리에주에서 태어난 줄리안 퀸타르트는 2004년 국제교환학생으로 한국과 인연을 맺었다. 교환학생 당시에 출연한 방송을 계기로 한국에 정착한 이후 방송인, DJ, 여행사 대표 등으로 활동했고 JTBC 〈비정상회담〉에서 대중적인 인기를 얻으면서 벨기에 출신 방송인으로 유명해졌다. 현재 JTBC의 〈특파원 25시〉을 비롯해 다양한 방송에서 활약을 보여주고 있고 Volunteer Korea(주한외국인자원봉사센터) 공동창립자로서 활발한 봉사 활동을 이끌고 있다. 특히 환경에 관심이 많아 방송을 통해 얻은 목소리를 활용해 환경을 위한 많은 활동을 실천하고 있고 그 결과 2016년부터 유럽연합 환경행동 친선대사를 맡고 있으며 기후위기, 환경, 제로웨이스트, 채식에 대한 강연 활동도 활발히 하고 있다. 2023 대한민국 녹색기후상 시민부문 우수상, 2023 제3회 헤럴드 에코어워드 대상, 2023 세상을 밝게 만든 사람들 문화부문 수상을 하였다.

별처럼 시처럼, 과학을 노래하다

이명현

천문학자

어릴 적 산타클로스만큼이나 간절하게 소원을 빌었던 대상이 옥토끼였다. 캄캄한 밤을 환하게 비춰주던 보름달의 존재감. 그 곳에서 정답게 방아를 찧으며 소원을 들어주던 옥토끼가 사실 상상 속의 존재라는 걸 알게 된 후에도 달에 대한 동경은 사라지지 않았다. 어쩌면 팍팍한 일상을 위로하고 싶은 마지막 낭만이었을지도 모르겠다. 1969년 아폴로 11호가 인류 최초로 달에 착륙한 이후 한동안 인류의 관심에서 멀어져 있던 달이 희귀 자원의 보고로 주목받으면서 세계는 지금 '문러시' 중이다. 1800년대 서부 개척이 한창이던 미국에 주인없는 땅을 차지하려 했던 '랜드러시'가 21세기 '문러시'로 이어졌고 이제 인류의 욕심은 태양계 너머까지 뻗어가고 있다.

옥토끼가 오순도순 방아를 찧던 달의 낭만은 사라졌지만 여전히 별과 달을 사랑하는 천문학자가 있다. 볕 좋은 봄날, 서울 삼청동에 자리한 <과학책방 갈다>에서 책방 주인 이명현 박사를 만났다. 으레 과학자라면 냉철한 이성의 소유자로 날카로운 눈빛에 군더더기 없는 말과 행동을 짐작하지만 그 예상은 처음부터 빗나갔다. 어릴 적 자랐던 옛집에 과학책방을 연 낭만파답게 순정만화 남자 주인공처럼 멋지게 기른 긴 머리를 휘날리며 사람 좋아보이는 다정한 웃음으로 손님을 맞는다.

대한민국 최초의 우주인 선발 심사에 참여했던 심사위원부터 외계 생명체를 찾는 과학 프로젝트 '세티'의 한국 책임자까지 다채로운 이력을 자랑하는 이명현 박사의 이야기는 시종일관 유쾌하고 재미있다. 차가운 설명의 과학이 아닌 다정한 과학. 대중과의 소통을 소중히 여기는 과학 커뮤니케이터답게 어려운 과학 이야기를 누구나 알기 쉽게 풀어준다. 우리 모두 별에서 온 별먼지일 뿐이니 겸허한 마음으로 세상을 살자는 말에서는 멋진 어른의 기품마저 느껴진다. 우주의 별처럼 반짝이지만 어떤 권위도 내세우지 않고, 외계 생명체를 찾고, 시를 즐겨 읽는 천문학자. 별먼지 이명현 박사가 들려주는 과학의 매력을 만나보자.

미국에서 세계 최초로 민간 우주 기업이 주도한 달 탐사선 '오디세우스'가 달 착륙에 성공했습니다. 미국 입장에서 봤을 때 52년 만에 다시 달에 간 셈인데요. 우주 강국들이 얼마나 달에 집중하고 있는지 알 수 있습니다. 우주대항해시대를 선점하기 위한 문러시가 가속화되면서 한동안 외면받았던 달이 미국과 중국, 일본과 인도까지 경쟁하는 우주 각축장이 됐습니다. 그렇다면 우리나라는 어떨까요. 2022년 8월 우리나라 최초의 달 탐사선인 다누리호가 발사됐는데요. 145일 만에 달 궤도에 안착하면서 미국과 중국 등에 이어 세계 일곱 번째 달 탐사국이 됐습니다. 지금 이 순간에도 다누리호가 달 궤도를 돌면서 세계 최초로 편광 카메라로 찍은 달 지도부터 1억년 전 생긴 티코 충돌구의 사진까지 달에 대한 다양한 자료들을 보내오고 있습니다. 사실 그동안 우주탐사와 개발은 전통적으로 국가가 주도해 왔는데 최근 들어서 미국을 중심으로 국가의 우주탐사 기술이 민간 기업으로 이전되는 추이를 보이고 있습니다. 스페이스X 같은 기업의 탄생이 그 결과라고 하겠습니다. 최근 민간 달 탐사선의 달 착륙 부분 성공은 지구 궤도 근처의 우주비행에 머물러 있던 민간의 우주탐사 영역을 달까지 넓혔다는 데 그 의의가 있다고 하겠습니다. 천문학을 공부한 사람으로서, 또 세계시민의 한사람으로서 새로운 우주 시대가 열리는 것을 목격하는 것이 마냥 기쁩니다.

대한민국을 대표하는
우주 기지,
고흥에 대한 관심이
높아지고 있죠?

고흥 나로우주센터는 세계에서 열 세 번째로 건설된 우주 기지입니다. 고흥에 가면 슈퍼 이름이나 식당, 심지어 길 이름에도 우주라는 단어가 꼭 들어갑니다. 우주산업에 대한 고흥 지역의 자부심이 남다른 것 같습니다. 특히 2023년 5월 25일은 우리나라 우주산업 역사에서 아주 중요한 날이라고 생각합니다. 우리 독자 기술로 개발한 누리호 3호가 고흥 나로우주센터에서 날아올라서 우리 기술로 만든 실용 위성들을 성공적으로 안착시켰기 때문입니다. 우리나라가 독자적인 우주 수송 능력을 확보했다는 걸 전 세계에 멋지게 보여준 거죠. 고흥 나로우주센터가 2009년에 문을 열었으니까 이제 15년차가 됐습니다. 국내 최초이자 유일한 우주 기지이기 때문에 우주산업과 관련된 연구와 기업들이 모이고 있고 또 실제로 지금 역사가 일어나고 있는데요. 가까운 시일 내에 추가 발사장이 건설될 가능성은 낮으니 앞으로 상당 기간 동안 고흥이 우주 탐사의 중심지로 자리매김할 것입니다.

별을 좋아해서
천문학자가 된 건가요?

별과 관련된 제일 오래된 기억은 1969년 여름 무렵의 기억입니다. 당시 저는 서울 답십리의 어느 골목에 살고 있었습니다. 저녁이 되면 골목에서 같이 놀던 친구들이 한명씩 집으로 불려들어 갔습니다. 부모님이 모두 일을 하셨기 때문에 저는 제일 늦게 불려들어가는 아이 중 하나였습니다. 해질 무렵 서쪽 하늘에 떠 있던 이름 모를 밝은 별 하나가 어린 제게는 최고의 천문현상이었어요. 그 별이 바로 금성이었습니다. 나중에 그 별의 정체를 알게 되고 망원경을 통해 달처럼 그 모양이 변하는 금성을 보면서 이것이야말로 최고의 천문현상이라고 생각했습니다. 하지만 달의 크레이터를 천체망원경으로 보자마자 지상에서 볼 수 있는 최고의 우주 쇼가 금성에서 달로 바뀌었습니다. 그러다 1969년 7월 20일 아폴로 11호의 달 착륙 소식을 들었는데 그때 '내가 매일 보는 달에 사람이 걸어다니고 있다'는 생각을 하면서 가슴벅차했고 이것이 천문학자가 된 계기가 된 것 같습니다.

외계인은
정말 만날 수 있나요?

지구인들은 우주 속 존재들 가운데 인류밖에 알지 못해요. 지구와 비슷한 환경 조건을 가진 행성이 있다면 외계 지적 생명체는 충분히 존재 가능성이 있다고 생각합니다. 하지만 우리가 직접 가서 보는 것은 현재 인류 문명으로는 불가능에 가깝습니다. 일단 우리가 가진 로켓은 너무 느리고 그들이 있는 곳은 너무 멀어요. 우리가 몇 세대에 거쳐 가도 도달하지 못하는 그런 거리입니다. 그래서 조우 자체는 힘들 거라고 봐요. 물론 그들이 우리에게 온다면 만날 수는 있겠죠. 하지만 그들도 우리와 비슷한 문명을 가지고 있다면 오기는 힘들 것 같습니다. 혹시 지구 인류보다 엄청나게 발전한 문명이라고 해도 그들에게 지구가 관심의 대상이 될지 모르겠습니다. 쌍방이 만나려면 서로 조건이나 관심사가 맞아야 하니까요. 그렇지만 시도는 계속 해봐야죠. 세계 연구자들이 모여서 세티(SETI) 프로젝트를 통해 외계 지적 생명체를 지속적으로 탐사하고 있는데요. 외계인의 신호를 포착해서 분석하거나 외계인들에게 신호를 보내는 작업들이 소통의 문제잖아요. 우리는 그런 외계인의 신호를 수사학적으로 분석할 수 있다고 생각합니다. 그래서 수사학을 전공한 분들과 협업해서 우주 수사학을 연구하고 있습니다. 인류가 외계 지적 생명체를 찾는 일은 또 다른 우리를 찾는 행위라고 볼 수 있습니다. 우리는 타자를 통해 자기 자신을 되돌아보는데 굉장히 다른 대척점에 있는 존재를 통해서 인간의 정체성을 다시 돌아볼 수 있는 것으로 의미를 찾을 수 있지 않을까요.

서울 도심
한복판에서 만난
과학책방이 신기해요.

원래 이곳은 우리 가족이 1977년에 이사 온 집으로 저의 어린 시절 추억이 담긴 곳입니다. 서울 종로구에 새 집을 지어 옮겨 간 후에는 지인이 오랫동안 비폭력대화센터로 운영했다가 센터가 이사하면서 집이 비게 됐는데요. 아버지가 공간을 내주셔서 2018년에 과학계 친한 지인들과 함께 과학 콘텐츠 그룹, 과학책방 '갈다'를 공동 창업했습니다. '갈다'라는 이름은 갈릴레오(Galileo)와 다윈(Darwin)의 앞글자를 합친 단어인데 세상을 바꾼 과학을 만나는 곳, 딱딱한 과학을 부드럽게 갈다, 지식의 판을 갈다, 문화의 터전을 갈다, 지식의 칼날을 갈다 라는 뜻을 담고 있습니다. 과학문화를 접하는 새로운 경험을 하고 과학적 사고를 넓히는 교양과학 책방으로 운영 중인데 과학과 관련된 다양한 북토크와 독서모임, 과학인생학교와 삼청 사이언스 클럽 같은 계기성 프로그램을 운영하고 있습니다.

아버지 이근후 이화여대 명예교수, 50년 경력의 정신과 전문의, 『어디 인생이 원하는 대로 흘러가던가요』 『나는 죽을 때까지 재미있게 살고 싶다』 저자

과학책방을 운영하면서 힘든 점은 없나요?

책과 관련된 사업이 전체적으로 활성화되지 못하고 있는데 과학책방 갈다 역시 마찬가지입니다. 책 중에서도 과학책만 다루니 어려움이 더 많습니다. 계속 적자를 보고 있죠. 과학책방 '갈다'가 과학문화의 시그니처 같은 곳이라서 유지하려고 애를 쓰고 있습니다. 특히 코로나 시절이 겹치면서 상황이 좋지 않습니다. 문제는 이런 상황이 전반적인 상황이라 뾰족한 타개책이 없다는 것이 안타깝습니다.

환갑을 맞아서 전국 서점과 도서관에서 순회 강연을 했죠?

2023년에 환갑을 맞아서 동갑내기 친구 셋과 전국을 돌며 강연을 했습니다. 사실 처음부터 기획하고 시작한 일은 아니었습니다. 환갑을 맞이하기 전해 여름쯤 환갑을 맞이할 친구 셋과 가천대 장대익교수가 이야기를 나누다가 장대익교수가 환갑을 맞이

한 우리 셋을 제주도로 여행을 보내주겠다는 제안을 했습니다. 그 해의 마지막날이 되었는데 장교수로부터 아무런 연락이 없었습니다. 그래서 농담반 진담반으로 제주도 여행이 무산될 수도 있으니 우리가 먼저 움직이자는 심정으로 '환갑삼이(환갑을 맞은 이씨 친구 3명)' 이름으로 서점과 도서관 토크쇼 여행을 기획했습니다. 처음에는 인연이 있는 몇군데를 가면 좋겠다는 심정으로 시작했는데 일이 커져서 전국 22개의 도서관과 작은 서점에서 토크를 했습니다. 9월에 제주도에서 토크쇼를 하는데 장대익교수와 과학책방 갈다 이미영 이사, 사이언스북스 노의성 주간 등 지인분들이 제주도로 오셔서 같이 여행도 하고 식사도 하면서 즐거운 시간을 보냈습니다.

뜻이 맞는 친구들이 있다는 게 참 부러워요.

이권우 교수와 이정모 박사는 2002년 무렵부터 만나서 교류하는 사이입니다. 돌이켜 보면 단 한번도 싸운적이 없습니다. 물론 의견이 다른 경우는 당연히 꽤 있었죠. 우리들이 오랜 시간 동안 친구로 남아 있을 수 있는 이유는 서로를 존중하는 태도와 거리두기 때문인 것 같습니다. 친해지면 무례해지기 쉬운데 친해지는 동안에도 오랫동안 서로를 존중하는 태도를 견지하고 있습니다. 제일 친한 친구들 중 하나지만 서로의 사생활 영역에 무례하게 침범하지 않았던 것 같습니다. 일정한 거리를 유지하는 것도 친구를 오래 만나는 비결 같습니다. 우리 셋은 글을 쓰고 책을 쓰면서 생계를 유지해 왔습니다. 도서관과 책방에 진 빚이 많은 사람들입니다. 그런 의미에서 환갑을 맞이해서 그 빚을 조금이나마 갚는다는 마음으로 '환갑삼이' 프로젝트를 진행했습니다. 그리고 '살아보니' 시리즈 출간은 저희들과 오랫동안 친분을 유지했던 후배 과학커뮤니케이터들이 서로 의논해서 우리들에게 제안해서 이루어진 프로젝트입니다. 고마울 따름입니다. TBS 강양구 기자가 기획을 하고 저희 보다 한 터울 후배인 카이스트 정재승교수, 가천대 장대익교수 그리고 경희대 김상욱교수가 각각의 주제를 가지고 우리 셋과 대담을 한 내용을 책으로 묶은 것입니다. 각기 다른 세 출판사에서 출간된 것도 특이합니다. 과학커뮤니케이션 분야에서 오랜 시간 동안 같이 활동하고 있는 후배들이 이런 프로젝트를 만들고 책까지 출간해 준 것은 정말 멋진 환갑 선물이라고 생각합니다.

'과학적인 태도'가 현대인에게 가장 적합한 처세술일까요?

현대 과학이 알아낸 것들이 많습니다. 과거에는 알지 못하던 자연 현상의 기원도 어느 정도 알게 됐습니다. 세상에 대해서 잘 모르던 시절에 그 두려움을 극복하는 방식으로 종교나 신화나 설화 같은 것들이 만들어진 것 같습니다. 그렇게 만들어진 많은 것들이 사실이 아닌 것으로 드러났습니다. 하지만 여전히 그런 것들에 바탕으로 한 가치관을 갖고 살아가고 있습니다. 기원에 대한 많은 사실을 알게 된 현대인들이 이 세상을 바라보는 태도와 이를 바탕으로 세상을 살아갈 때 이제는 과학적인 태도를 취하면 어떨까 합니다. 과학적인 태도란 현대 과학이 알려주는 과학적 지식을 바탕으로 세상을 파악하고 그로부터 삶의 실천을 위한 가치를 정립하는 것을 말합니다. 종교적이고 신화적인 생각에서 벗어나서 합리적이고 실용적인 삶의 태도가 곧 과학적인 태도입니다.

과학 공부가 인생을 바꿀 수 있을까요?   과학에 친숙한 사람이든 문외한이든 그들에게 과학의 일차적 역할은 자연과 인간 세계에 대한 일종의 설명입니다. 사람들은 과학자에게 설명을 요구하고, 과학자는 그 설명을 얻어 내기 위해 끊임없이 탐구합니다. 과학이 무언가를 설명해 줄 수는 있어도 자신의 인생에 대해 어떤 실존적 의미와 가치를 제공해 줄 수 있다고는 생각하지 않습니다. 자신의 삶을 이해하고 해석하며 변혁하는 힘이 과학에 있다고 상상조차 하지 않는 거죠. 저는 과학 동지들과 각종 강연과 행사, 그리고 독서 모임을 통해 한국 사회에서 과학이 '문화'로 자리를 잡을 수 있게 힘써 왔습니다. 21세기 핵심 교양은 과학이라고 생각합니다. 차가운 설명의 과학이 아닌 다정한 이해의 과학, 나와는 아무런 관련이 없는 삶과 유리된 과학이 아닌 내 일상을 의미 있게 만드는 실존적 과학이자 매일 업데이트되는 사실을 바탕으로 신선한 위안을 주는 과학, 억압의 지식이 아닌 자유의 과학, 행복을 단지 탐구만 하는 게 아닌 행복을 주는 과학을 이야기해야 할 때입니다.

예비 과학자들에게 해주고 싶은 말이 있다면요?

고전적인 의미의 어른이 지금 이 시대에도 필요한 지는 잘 모르겠습니다. 개인적으로는 필요가 없다는 생각입니다. 다만 다양한 삶을 살아가는 선배 동료는 필요한 것 같습니다. 수평적인 관계에서 의견을 나누고 조언을 하는 문화가 좀 더 활성화되면 좋겠습니다. 조금 더 자신을 사랑하고 다양한 다른 사람들의 삶의 여정을 인정하고 응원하는 자세가 멋지게 나이들어가는 초석이라고 생각합니다. 과학은 경이로움의 경험이면서 동시에 세상을 살아가는 동시대적인 가치를 만들어낼 수 있는 원천이기도 합니다. 과학적 소양을 쌓고 과학적 태도를 견지하면서 다가올 미래의 우주 시대를 만끽하시길 바랍니다.

만약 우주여행을 떠난다면 가장 먼저 가고 싶은 별은 어디인가요?

화성에 가고 싶어요. 화성에 가면 낮에는 하늘이 푸른색이 아니라 약간 연보랏빛인데요. 노을이 지면 노을 색깔이 푸른색으로 바뀌어요. 거기서 레드와인 한잔 하면서 이문세의 '붉은 노을'을 들으면 너무 멋있을 것 같습니다.

이명현

별과 시, 소설을 사랑하는 천문학자, <과학책방 갈다> 대표, 연세대학교를 졸업하고 천문학계의 하버드라 불리는 네덜란드 명문 흐로닝언 대학교에서 천문학 박사 학위를 받았다. 네덜란드 캅테인 연구소 연구원, 한국천문연구원 연구원, 연세대학교 천문대 책임연구원을 지냈다. 2009년 세계 천문의 해 한국조직위원회 문화분과 위원장으로 활동했고 한국형 외계지적생명체 탐색(SETI KOREA)프로젝트의 책임자로 일했다. 서울 삼청동에 <과학책방 갈다>를 열어 작가와 과학자, 그리고 독자들을 잇는 서점 겸 문화행사 공간으로 만들었다. 「이명현의 과학책방」, 「이명현의 별 헤는 밤」, 「지구인의 우주공부」 등을 저술하고 「침묵하는 우주」 등을 번역했다. 이 외에도 「과학은 논쟁이다」, 「궁극의 질문들」, 「과학수다」, 「사X과X책」, 「33한 프로젝트 살아 보니, 지능+시간+진화」, 「과학인생학교」, 등 다수의 공저작을 펴냈다.

내 인생을 사는 심리학의 쓸모

한민
문화심리학자

인생은 주식과 비슷하다. 미래가치가 높은 성장주처럼 우상향 곡선을 그리는가 싶으면 예상치 못한 악재를 만나 추락하고, 끝모를 듯이 추락하던 하향 곡선도 뜻밖의 호재를 만나 상한가를 치기도 한다. 인생지사 새옹지마라는 것도 잘 알지만 갑자기 닥친 시련과 배신은 늘 시리고 아프다. 이렇듯 생각대로 일이 잘 풀리지 않을 때, 억울한 일을 당했지만 해결책을 찾을 수 없을 때 생기는 병이 화병(Hwabyung)이다. 세계 심리학계에서 인정한 '화병'은 한국 문화에서 파생된 심인성 질병으로 분노의 억제가 주요 원인으로 추정된다. 분노와 같은 감정 표현을 억제해야 하는 한국의 문화적 특수성 때문이라는 것이다.

그렇다면 왜 화병은 유독 한국 사람들에게 생기는 것일까? 그 답은 문화심리학에서 찾을 수 있다. 개인에게 성격이 있다면 집단에는 문화가 있다. 옛날부터 어떤 지역에서 오래 살아온 사람들은 살아남기 위해 필요한 여러 가지 습관과 가치를 발달시켰고 그렇게 문화가 만들어졌다. 사람들이 하는 수많은 말과 행동의 출발점이 그 사람이 속한 문화에서 기인한다고 볼 수 있다. 겉으로 드러난 말과 행동에 아무리 의문을 가져봤자 문화에 대한 이해가 없다면 상대방의 심리를 제대로 파악하기 어렵다.

갈수록 사회는 복잡해지고 사람들의 마음은 풀리지 않는 난

제처럼 복잡하게 얽혀있다. 심리학은 현대사회를 살아가는 데 필수 무기가 됐다. 실제 일어난 일보다 그와 관련된 심리 반응이 결과의 중요한 원인이 되는 경우가 많기 때문이다. 긴 인생을 살아가야 하는 우리에게 심리학의 쓸모는 어디까지일까. 멸종위기 1급 토종 문화심리학자 한민 교수가 전하는 현명한 심리학 사용법을 들어보자.

요즘 심리학에 대한
관심이 높은 것 같아요. 예나 지금이나 심리학은 인기 과목입니다.
사람의 마음을 이해하는 학문이라니 이름
부터가 매력적이지 않나요. 세상의 모든 일은 사람으로 시작해서
사람으로 끝납니다. 따라서 사람의 마음을 이해하면 아니 될 일이
없습니다. 대략 이런 이유로 많은 사람들이 심리학에 관심을 갖는
것 같습니다.

문화심리학은
어떤 건가요? 기술이 아무리 발달하고 생활이 편리해
져도 내 삶에는 누군가의 존재가 개입될
수밖에 없습니다. 먹고 살기 위해서 누군가와 관계를 맺어야 하
고 내가 필요한 것들을 얻기 위해서는 누군가의 도움이 필요합니
다. 따라서 어쩔 수 없이 다른 사람들과 함께 살아가야 하고 그들
을 이해할 필요가 있습니다. 심리학에서 타인을 이해하는 방법을
가장 잘 알려주는 분야가 문화심리학입니다. 문화심리학은 문화
에 따른 인간 행동을 연구합니다. 문화란 인간이 살아가는 환경에
적응하기 위해 만들어낸 유·무형의 모든 것들을 말합니다. 우리의
생각과 가치관, 행동은 문화의 틀 안에서 규정되지만 일상을 살아
가는 사람들이 그 사실을 깨닫기는 쉽지 않습니다. 나와 타인의
생각과 행동이 어디에서 비롯되는지를 꼼꼼히 따져보기 위해서는
그만한 노력과 훈련이 뒷받침되어야 하는데 문화심리학은 그러한
이해를 제공합니다.

한국, 한국인만의
특징이 있을까요? 한·중·일은 동북아시아의 유교 문화권 국

가들로 비슷한 점이 많습니다. 인종적으

로, 언어적으로, 문화적으로 그렇죠. 특히 한국과 일본은 주류 심

리학(비교문화심리학)의 관점에서 같은 집단주의 문화권으로 이해되고

있습니다. 하지만 우리가 느끼기에 한국과 일본은 하늘과 땅만큼

이나 다른 특성을 가지고 있습니다. 한국인은 일본인에 비해 자신

을 다른 사람에게 영향을 미치는 '주체성 자기'로 인식합니다. 다

른 사람들에게 영향력을 행사할 수 있고 또 행사하고 싶어 하는

존재로 봅니다. 이런 자기관은 대인관계의 선을 자유롭게 넘나들

게 만듭니다. 일명 오지랖이죠. 어디선가 누군가에 무슨 일이 생

기면 바람처럼 나타나서 문제를 해결하고 쿨하게 갈 길을 가는 사

람은 누구일까요? 정답은 '지나가던 선비'입니다. 우리나라 전래

동화의 단골손님이던 '지나가던 선비'들은 이렇게 남의 일에 참견

하기를 좋아했습니다. 물론 그러다가 '은혜 갚은 까치'에서처럼 죽

을 고비를 맞을 때도 있지만 그럼에도 불구하고 선비들은 그냥 지

나치지 않습니다. 선을 넘는 한국인의 특징은 사생활 침해라는 부

정적인 측면도 있지만, 정(情)을 나누고 공통의 문제에 대처하는 사

회적 연대의 출발점이 될 수도 있습니다.

영화 '파묘'에서 한국과
일본 귀신도 다르던데요? 문화에는 사람들의 다양한 욕망과 두려움

이 투사되어 있습니다. 귀신 역시 사람들

이 갖고 있는 욕망과 두려움이 투영된 결과죠. 그래서 귀신에는 그 문화 사람들이 무엇을 바라고 무엇을 두려워하는지가 담겨 있습니다. 한국과 일본은 귀신이 나타나는 이유부터 다릅니다. 한국 귀신 이야기의 특징을 살펴보면, 먼저 귀신이 나타나 사람들이 놀라거나 죽습니다. 그리고 담이 큰 사람이 귀신을 만나 귀신의 이야기를 듣고 귀신의 한을 풀어줍니다. 그렇게 억울함을 푼 귀신은 좋은 데로 가고 억울함을 풀어 준 사람도 좋은 일이 생깁니다. 여기서 알 수 있는 귀신의 출몰 이유는 억울함을 호소하기 위해서입니다. 한국의 귀신은 억울하게 죽은 자신의 사연을 밝히고 그 한을 풀기 위해 나타납니다. 반면 일본 귀신은 나타나는 데 이유가 없습니다. 일본의 전통적 귀신은 매우 다양합니다만 우리나라처럼 특정 인물이 특별한 사연을 지니고 귀신이 된 경우보다는 갓파나 오니, 야만바, 유키온나 등 예전부터 어떤 지역에 있어 온 존재인 경우가 많습니다. 그냥 거기 원래 있는 거죠. 일본 귀신의 특징을 살펴보면, 뚜렷한 자신의 영역이 있고 영역을 침범한 이들은 누구나 공격이 대상이 되며 이들의 표적이 되면 반드시 큰 해를 입습니다. 사람에 대한 태도도 다릅니다. 한국 귀신은 사람을 해하는 법이 거의 없습니다. 무서운 것을 좀 참고 이야기를 잘 들어주고 잘 달래주면 얼마든지 살아남을 수 있습니다. 하지만 일본 귀신이나 요괴들은 사람에게 해를 끼치는 것이 일반적입니다. 사람들과 친숙하고 함께 어울려 살며 웬만해서는 해를 끼치지 않는 한국 귀신과 자신들의 영역이 확고하고 이를 침범한 인간들을 확실하게 응징하는 일본 귀신. 한국인과 일본인의 심리적 차이가 투영된 결과가 아닐까 싶습니다.

1인 세대, 혼밥, 혼술…
'함께' 보다 '혼자'를
선택한 사람들이
많은데요?
현대 사회는 혼자 살기에 최적화되어 있습니다. 대도시일수록 그렇습니다. 특히 청년들은 대학 진학이나 취업 등으로 혼자 사는 경우가 많은데, 한창 바쁜 사회 초년생의 경우 누군가를 만날 시간도 여력도 없습니다. 차차 혼자만의 삶에 익숙해지다 보면 이렇게 계속 살 수 있을 것 같은 생각이 들기도 합니다. 나가봐야 돈 들고 시간 드는데 차라리 혼자 지내는 게 경제적으로도 유리하다는 생각이 들 수 있습니다. 하지만 사람을 만나지 않겠다는 삶이 현명한 것이라는 생각에는 문제가 있습니다. 인간은 다른 사람과 함께 할때 즐거움과 목적의식이 배가 됩니다. 타인과의 관계는 행복과 연관이 깊습니다. 시카고 대학의 카시오포 교수는 현대인의 가장 총체적인 사망 요인이 외로움이라고 단언합니다. 외로움, 배신감, 이별 등에는 고통이 따릅니다. 뇌는 이러한 사회적 고통을 이용해 위협을 알리며 그 덕에 더 치명적인 고립을 방지합니다. 특히 감정 조절 및 대인 관계 능력을 맡고 있는 전두엽이 발달하는 시기인 20대 초중반, 이때 사회적 관계를 회피하는 것은 미래에 엄청나게 해로운 일입니다. 30대가 넘으면 전두엽은 더 이상 발달하지 않습니다. 사회적 기술이 더 이상 늘지 않는다는 뜻입니다. 혼자 할 수 있는 일이 늘어난다 해도 정작 중요한 일들은 사람들과 얼굴을 맞대야 이루어집니다. 사회적 관계는 피곤한 일입니다. 많은 에너지와 자원이 듭니다. 하지만 관계를 통해 얻을 수 있는 것들은 생각 이상으로 많습니다. 사람들은 관계로부터 위안과 안정을 얻고, 더 나은 사람이 될 수 있는 자극을 얻습니다. 즐거움과 삶의 의미도 마찬가지입니다. 관계 유지에 들어가는 시간과 비용은 소모가 아닌 투자로 이해하는 건 어떨까요.

우리가 행복하게 사는 방법이 있을까요? 행복에 대해 간과하기 쉬운 것 중에 하나가 행복한 기분이 오래가지 않는다는 사실입니다. 일주일 이상 행복한 기분이 지속되는 것은 사실상 있을 수 없습니다. 지나치게 오래가는 긍정적 정서는 신경계에 무리를 일으키고 인간의 뇌는 신경계의 흥분을 누그러뜨려 항상성을 유지하는 과정에서 행복한 감정들은 점차 사그라집니다. 그렇다면 우리는 계속 불행하게 살아야 하는 걸까? 그렇지는 않습니다. 행복하지 않은 상태를 불행이라고 규정할 필요는 없습니다. 행복은 보통 긍정적 정서로 정의되지만 의미 있는 일을 할 때도 행복을 느낍니다. 딱히 설레고 흥분되지는 않아도 매일의 삶에서 의미와 보람을 느낄 수 있다면 그 또한 행복입니다. 그리고 행복의 원천은 많을수록 좋습니다. 목표를 성취한 뒤의 짜릿함도, 목표를 향해 나아가는 뿌듯함도 행복이겠지만 가끔 바라보는 하늘에서, 길가에 핀 꽃에서, 기대 없이 들어간 식당에서의 맛있는 반찬, 자기 전에 잠깐씩 보는 유튜브에서도 소소한 행복은 얼마든지 느낄 수 있습니다. 큰 행복을 좇느라 작은 행복을 잊는 우를 범하지 말아야겠습니다.

실패와 좌절을 겪었을 때 어떻게 대처해야 할까요?

젊은 시절 우리는 앞으로 펼쳐질 내 인생은 꽃길일 것으로 생각하지만 삶이란 게 늘 뜻대로만 흘러가지 않습니다. 살다 보면 하던 일에 실패할 때도 있고 예기치 않은 좌절을 만날 때도 있습니다. 당장 대학을 졸업하고 사회에 나가면서부터 난관에 부딪힐 수 있고, 수십 년 승승장구하다 생의 정점에 이르러 나락으로 미끄러질 수도 있습니다. 정신과 의사이자 심리학자였던 야스퍼스(독일 철학자이자 심리학자로 실존주의 대표)는 변화시킬 수도 없고 피할 수도 없는 이러한 종류의 상황을 '한계상황'이라고 했습니다. 한계상황은 우울과 절망을 동반합니다. 삶의 의미를 잃게 하고 통제감을 상실하도록 합니다. 말 그대로 거대한 벽 앞에 선 기분을 들게 합니다. 야스퍼스는 한계상황 가운데서도 진지하게 자신을 성찰하게 되면 '자기존재'에 대한 자각에 이를 수 있다고 보았습니다. 실패와 좌절, 한계에 대처하는 모습이야말로 평소에는 만나기 어려운 자신의 진짜 모습이라는 것입니다. 자기존재를 지각한 사람은 선택의 기로에 놓입니다. 한계상황을 회피하고 이전의 자기로 살아갈 것인지, 어떻게든 한계상황을 받아들이고 새롭게 발견한 자기로 살아갈 것인지 말입니다. 누구나 사소한 실패에도 꽤 우울해진다거나 자신의 잘못을 인정하지 못하고 남 탓을 해본 경험을 한 번쯤 갖고 있습니다. 그러한 자신의 모습을 인정하고 그 이유를 더듬어가다 보면 그동안 미처 몰랐던 자신의 또 다른 모습을 만날 수 있습니다. 그러다 보면 언젠가 맞닥뜨리게 될 벽 앞에서 진실한 자신의 모습으로 서게 될 것입니다. 그때는 내가 어떤 선택을 해야 할지 조금은 알 수 있지 않을까요.

**혐오의 시대,
품위있는 저항은
불가능한 걸까요?**

인간은 사회적 존재입니다. 애초에 인간이 무리 생활을 시작하게 된 이유가 생존 때문이고, 수백만 년의 시간이 흐르면서 그 효과는 유전자에 새겨져 있습니다. 의식적이건 무의식적이건 집단에 속해 있는 편이 유리하다는 인식은 모든 사회에서 보편적으로 발견됩니다. 그러나 모든 동조가 정당화될 수 있는 건 아닙니다. 집단의 결정이 항상 옳을 수는 없고 오히려 집단의 안위가 사회 전체에 해악을 끼치게 될 때도 있습니다. 그리고 집단에 동조하지 않은 소수에게 가해지는 차별과 혐오의 문제도 간과할 수 없습니다. 때에 따라서는 소수 의견에 따르는 것이 개개인의 생존과 집단의 유지에 긍정적인 역할을 하기도 합니다. 인간 사회에는 집단의 압력에 동조하지 않는 이들도 일정 비율 존재합니다. 하지만 사람들이 늘 자신의 견해와 생각을 유지할 수 있는 것은 아닙니다. 인지부조화이론에 따르면 특정 사안에 대한 나만의 견해가 있더라도 어떠한 이유에서건 기존 견해와 반대되는 행동을 하고 나면 생각이 바뀌게 됩니다. 이러한 경향은 자신의 기존 태도가 명확하지 않거나 태도 유지의 동기보다 집단에 대한 소속 동기가 더 클 때 쉽게 나타납니다. 자신만의 견해를 일관적으로 유지한다는 것은 확고한 자기 정체성에서 출발합니다. 나는 어떤 사람이고, 어떤 가치를 추구하며 살아가는지, 중심이 바로 서 있다면 집단의 압력에 따라 자신의 생각이 휙휙 바뀔 일은 없을 것입니다.

심리학의 쓸모는 무엇일까요? 사는 게 힘들수록 삶의 이유가 자신으로부터 나와야 한다고 생각합니다. 조건은 누구에게나 똑같지만 세상을 살아가는 자세는 저마다 다르니까요. 심리학은 나를 이해하고 세상을 살아갈 지혜를 주는 학문입니다. 살기 팍팍하다고 느껴질수록 자신을 돌아보고 삶의 이유를 스스로 다지는 시간을 가져보셨으면 합니다. 심리학 책을 한두 권 읽거나 관련 수업을 몇 번 들었다고 해서 심리학을 이해하고 거기서 얻은 지식을 자신의 일에 적용하거나 삶에 이롭게 쓸 수 있을 것이라고 기대하기는 어렵습니다. 오히려 정신없이 쏟아지는 학자들 이름과 이론들에 치여 가지고 있던 관심마저도 잃어버리게 됩니다. 하지만 그렇게 떠나보내기에 심리학은 너무나 중요하고 또 재미있는 학문입니다. 심리학이 너무 어렵고 배우기 힘들다고 생각한다면 그것은 심리학을 그렇게 전달한 사람들의 책임이지 심리학의 잘못이나 배우려는 이들의 잘못은 아닙니다. 심리학을 소수의 선택받은 과학자들이 실험실에서 연구하는 어렵고 딱딱한 학문으로 생각하지 않았으면 합니다. 심리학은 생물학, 의학뿐만 아니라 문학, 철학, 인류학, 사회학, 언어학 등 여러 분야에서 행해져 왔던 노력들이 만들어낸 학문입니다. 나 자신과 다른 사람들을 이해하고 나의 일과 생활에 적용할 수 있는 지식과 지혜를 제공하며, 나답게 성숙한 삶을 살아갈 수 있는 길을 제시해 주는 학문입니다. 인간에 대한 이해가 점점 중요해지는 시대에 심리학을 공부하는 이들이 더 많아졌으면 좋겠습니다.

독자들에게 해 주고 싶은 말이 있으세요?

점점 불확실성이 커지는 세상입니다. 사회에 막 진입한, 진입할 청년들이 느낄 불안도 그 어느 때보다 클 것 같습니다. 하지만 티벳에 이런 속담이 있답니다. '걱정해서 걱정이 없어지면 걱정이 없겠네...' 지금 내가 할 수 있는 일부터 집중하다보면 보이지 않는 미래도 조금씩 뚜렷해질 거라 생각합니다.

한민

엄혹한 생태 여건 속에서 종족 유지와 서식지 확대를 꾀하고 있는 멸종위기 1급 토종 문화심리학자. 고려대학교 심리학과에서 문화 및 사회심리학으로 박사학위를 받고, 고려대학교 행동과학연구소 연구교수, 미국 Clark대학교에서 박사 후 연구원, 서울대학교 행복연구센터 선임연구원 등을 역임했다. 역사, 철학 인류학, 사회학, 뇌과학을 넘나드는 이론과 생활 속에서 쉽게 만날 수 있는 사례를 엮어 흥미롭게 강의하는 것으로 유명하다. 상위 5%에만 수여하는 고려대학교 석탑 강의상을 비롯 여러 대학의 우수 강좌에 선정되기도 했다. 최근에는 tvN 〈어쩌다 어른〉, CBS 〈세상을 바꾸는 시간 15분〉, 유튜브 채널 〈삼프로TV_경제의 신과 함께〉, 〈놀면서 배우는 심리학〉(놀심) 등에서 또 다른 존재감을 뽐내고 있다. 대표 저서로는 「문제적 캐릭터 심리 사전」, 「선을 넘는 한국인 선을 긋는 일본인」, 「우리가 지금 휘게를 몰라서 불행한가」, 「슈퍼맨은 왜 미국으로 갔을까」, 「한민의 심리학의 쓸모」와 여러 심리학 대학 교재들을 집필했다. 현재 유튜브 채널 〈5분 심리학〉을 운영하고 있다.

지적이고
아름다운
삶을 위한
라틴어
인생 문장

한동일
성균관대학교 법학전문대학원 교수

라틴어, 어디까지 알고 있나요? 라틴어는 낯설고 어려운 고대 언어라고 생각하기 쉽지만 세계적으로 통용되는 명언의 상당수가 라틴어에서 유래될 정도로 여전히 우리 삶 속에서 살아 숨 쉬는 언어다. 라틴어에 대한 독보적인 권위자로 인정받는 한동일 교수는 바티칸 교황청 대법원 로타 로마나(Rota Romana) 700년 역사상 최초의 동아시아 변호사다.

대학교 강의에서 시작해 라틴어 열풍을 불러일으킨 『라틴어 수업』은 현재까지 100쇄를 돌파하면서 베스트셀러 작가 반열에 올랐다. 이렇듯 화려한 경력의 소유자이지만 세계적인 지식인으로 자리매김하기까지 쉽지 않은 여정을 거쳐왔다. 한동일 교수에게 라틴어는 결핍과 좌절을 극복하게 만든 힘이었고 삶의 별을 찾는 항해에서 등대같은 존재였다.

목표를 잃고 방황하던 10대 시절부터 사제가 된 30대, 로마 유학을 지나 바티칸의 변호사가 될 때까지 평생을 공부하는 노동자로 살아왔고, 지금도 살아가고 있는 한동일 교수의 치열하고 찬란했던 삶을, 라틴어 인생 문장으로 만나보자.

Omnes dolores tempore
lenientur et mitigabunturx

모든 고통은
시간에 의해
가벼워지고
옅어질 것입니다.

교황청 변호사, 교수,
작가 중에
가장 마음에 드는
직함이 있으세요?

그 모든 직함이 저를 설명하는, 저란 사람의 화려한 담벼락을 만들어 주었습니다. 그 가운데 저라는 사람의 과거와 현재에서 가장 크게 자리매김하는 것은 사제라는 직분이었습니다. 하지만 저는 자유의지로 2021년 사제직을 내려놓았습니다. 그런 맥락에서 지금 저를 가장 잘 소개해 줄 수 있는 저의 신분은 작가이자 교수입니다. 아울러 종종 사제신분을 내려났기에 바티칸 대법원 변호사 자격도 끝난 것으로 생각하시는 분들이 계신데, 이것은 자격증이기에 사제신분과 무관함을 알려드립니다.

라틴어 공부를
어떻게 시작하게 됐나요?

제 유년시절은 끝이 안 보이는 어둡고 긴 터널이었어요. 어려운 가정 형편에 하고 싶은 공부를 마음껏 하지 못했습니다. 하지만 거기서 주저 앉을 수는 없었어요. 가톨릭대학교에 진학한 후 바티칸 대법원 로타 로마나 변호사가 되기로 결심했습니다. 라틴어 공부의 긴 역사가 시작된 셈이죠. 2001년 로마로 유학을 떠난 후 교황청 라테라노 대학교에서 석사와 박사 학위를 받고 2010년에 한국인 최초이자 동아시아인 최초로 바티칸 대법원 로타 로마나 변호사가 되었습니다. 한국과 이탈리아를 오가며 이탈리아 법무법인에서 일하던 중에 2010년부터 2016년까지 서강대학교에서 '초급 라틴어'라는 강의를 맡았고 라틴어 수업이 인기를 얻으면서 라틴어와 로마법 교수로, 또 라틴어 관련 책을 쓰는 작가로 살아가고 있어요. 오랜 시간 100미터 달리기 선수처럼 공부를 해왔는데 라틴어 공부를 통해 제 인생도 많이 달라졌습니다.

공부하는 노동자라는 표현을 자주 하시는데, 공부에 진심이신 것 같아요.

공부가 무엇인지 질문을 자주 받는데, 어떤 데에서는 통념을 깨는 거라고 답했지만, 그 통념을 깨기 위해 가장 필요한 건 사소함이에요. 우주에서 바라볼 때 어떤 한 별에서 다른 별까지 측정값이 조금만 달라지면 완전히 다른 곳을 향하게 되잖아요. 오차 범위를 넓히는 거죠. 이제까지 외적인 부분에서는 성과를 많이 냈어요. 성취가 있었으니 다른 부분은 넘어갔죠. 하지만 실상은 외적인 결과를 잘 낸다고 해서 내가 일상에서 관계를 잘 맺는다는 건 전혀 아닌데 그 현실을 이제야 마주친 거죠. 전에는 사람들과 친밀한 관계도 잘 맺으려고 하지 않았고, 요즘 말로 손절도 많이 했어요. 요즘은 역으로 손절을 당하면 이런 마음이었겠다는 것을 배워가는 것 같아요. 늘 쫓기고 다그쳤죠. 성격적인 요인도 있겠지만, 아무것도 가진 것이 없는 집안의 아이로 태어나서 생존하기 위한 방법이었을 거예요. 여유가 없었어요. 하지만 운이 좋게 계속 이어 나가고 받았던 게 있어요.

"라틴어가 어렵다 한들
인생보다 어렵지 않다"고
했는데 자신만의
공부법이 있나요?

라틴어의 '습관'이라는 단어는 '하비투스 (Habitus)'입니다. 단어의 유래가 재밌는데 이 명사를 살펴보면 '습관'이라는 뜻 외에도 '수도사들이 입는 옷'이라는 의미도 있어요. 수도사들은 매일 똑같은 시간에 일어나 아침 기도를 마치고 난 뒤 오전 노동을 하고 점심식사를 하기 전 낮 기도를 했어요. 점심식사 뒤에는 잠깐 휴식 뒤 오후 노동을 하고 저녁 식사 전에 저녁기도를 하고 잠자리에 들기 전에 끝 기도를 드렸죠. 그리고 일괄적으로 잠자리에 들었습니다. 그래서 수도자들이 입는 옷 '하비투스'에서 '습관'이라는 뜻이 파생하게 된 거예요. 공부나 일을 해내려면 스스로의 리듬을 잘 조절해야 하고 그리고 그 과정에서 자신을 잘 위로하고 격려할 줄 알아야 합니다. 이런 습관을 만들기 위해서는 자신의 생활패턴과 성향을 잘 분석해야 하는데 처음부터 실패할 계획을 세워놓고 그것 때문에 스트레스 받고 의기소침해할 필요가 없어요.

<라틴어 수업>에 이어
<한동일의 라틴어
인생 문장>이
인기를 얻고 있습니다.
어떤 글들이
담겨 있나요?

<한동일의 라틴어 인생 문장>은 저자 서문에 밝힌 대로 가장 어려웠던 시절에 저를 일으킨 라틴어 문장들을 모아둔 책입니다. 잠언처럼, 기도처럼, 혼잣말처럼 제 마음이 힘들 때마다 입안에 넣고 굴리며

스스로를 다독였던 문장입니다. 무수한 제 인생의 라틴어 문장들 가운데 그에 얽힌 철학적 단상과 제 지난날에 대한 고백이 터져 나오는 문장들로 제가 마음을 기대고 살았던, 제 생의 응원가이자 반딧불이 되어 준 라틴어 문장들이 이 책을 읽는 독자들에게도 힘이 되기를 바라는 마음에 쓴 책입니다. 요즘 젊은이들이 몸에 새기는 타투 문구 가운데 라틴어 문장이 자주 보입니다. 하지만 아모르 파티(Amor fati), 카르페 디엠(Carpe diem), 메멘토 모리(Memento mori)처럼 널리 알려진 말 외에도 우리가 새겨야 할 라틴어 문장들은 별처럼 많습니다. <라틴어 인생 문장>은 '라틴어'와 '인생'은 평생 암호처럼, 주문처럼 읊조릴 만한 한 문장, 당신의 마음과 인생에 영영 지워지지 않도록 타투처럼 새겨둘 만한 문장을 만날 기회를 만든다는 의미가 담겨 있어요.

힘들고 어려운 삶에 정말 한 문장의 말이 희망과 용기를 줄 수 있을까요?

누군가 툭 던진 한마디가 내게 위로가 될 수 있는 것처럼 저는 문장도 그럴 수 있다고 생각해요. 돌아보면 내 삶이 풍요롭고 할 것이 많은 환경에 있을 때보다 척박하고 가진 것이 없고 그리고 절박한 어떤 상황에 처해 있을 때 그 한 문장이 빛났던 것 같아요. 스스로 어떻게 할 수 없는 환경에서 뭔가 이루려면 힘들잖아요. 그런 와중에 뭔가 희망을 가질 계기가 있다고 하면 저는 그게 책 속의 한 문장, 나를 울리는 한 문장이지 않을까 그런 생각이 들었어요.

힘든 삶을 일으켜 세운
라틴어 문장이 있나요? 제게 힘이 되었던, 힘이 되는 라틴어 문
장은 어떤 한 문장만은 아닙니다. 방황하
던 10대 소년 한동일, 진리를 목마르게 찾아 헤매던 20대와 30
대의 청년 한동일의 삶에서 책 속의 좋은 구절 하나, 시선과 마음
이 머물게 하는 포스터 속 한 문장을 기억해두었다가 독서실과
공부방 책상 앞에 붙여놓곤 했습니다. 몸은 이미 그날의 체력을
다 쓰고 항복했는데도 맘속에 불안과 열망이 들끓어 차마 잠자리
에 들지 못하던 때, 그 문장들은 제 마음을 어루만져주었고 나아
갈 길을 알려주는 북극성이 되어 주었습니다. 그 가운데 제가 믿
었던 문장은 다음과 같습니다. *"모든 고통은 시간에 의해 가벼워
지고 옅어질 것입니다."* (Omnes dolores tempore lenientur et
mitigabuntur.) 옴네스 돌로레스 템포레 레니엔투르 에트 미티가바분투르.

지금은
평안해지셨습니까? 제가 사는 공간은 늘 같았습니다. 하지만
앞에서 밝힌 대로 저는 2021년 사제직을
내려놓았고, 그럼에도 사회적으로 제가 소속된 곳이 어디건 공부
하고 기도하는 삶에는 크게 변화가 없으리라 생각했습니다. 그런
데 아니었습니다. 일상의 루틴은 그대로 지켜나갈 수 있었지만,
소속이 없다는 것은 인생에 공백이 생긴다는 것이었습니다. 스스

로 여백이라 여겨도 세상의 관점에서는 공백이었습니다. 난생처음 조망하는 삶이 아니라 두려움 속에서 한발 한발 두리번거리며 높은 데서 내려와 미지의 것들과 부딪치는 삶을 살아가고 있습니다. 여기에는 사람과의 관계도 포함됩니다. '편안해졌다, 편안해지고 있다'라는 말보다는 여전히 내가 어디에 있어야 하는가를 묻는 시간 같습니다.

독자들에게 힘이 되는 라틴어 한 문장을 알려주세요.

라틴어 인생 문장에서 전하고 싶었던 이야기는 *"아픔이 스토리가 되게"*입니다. Vexatio storia fiat. (벡사티오 스토리아 피아트) 아픔이 스토리가 되게 한다는 것은 특별함을 선택하는 길입니다. 나의 오랜 아픔을 흔해빠진 상처로 뭉개서 술자리에서나 내 편을 들어줄 게 분명한 사람 앞에서 하소연하듯 풀지 않고, 나를 모르는 사람들 앞에서도 내가 살아온 증거로써 귀하고 신중하게 풀어내는 일입니다. 아픔이 스토리가 되게 하려면 시간과 견딤이 필요합니다. 아픔이 고여 썩고 무르면 사람을 망치지만, 아픔이 숙성되어 스토리가 되면 한 사람의 생을 증언하는 역사가 됩니다. 그렇게 여러분들도 '아픔이 스토리가 되게' 만들었으면 합니다.

한동일

성균관대학교 법학전문대학원 교수. 한국 최초이자 동아시아 최초의 교황청 대법원 로타 로마나 변호사로서 로타 로마나 700년 역사상 930번째로 선서한 변호인이다. 2001년 로마 유학길에 올라 교황청립 라테라노 대학교에서 2003년 교회법학 석사 학위를 최우등으로 수료했으며 2004년 동대학원에서 교회법학 박사 학위를 받았다. 이탈리아 법무법인에서 일했으며 서강대학교에서 '라틴어 수업'을, 연세대학교 법무대학원에서 '유럽법의 기원'과 '로마법 수업'을 강의했다. 서강대학교 현장 강의를 토대로 펴낸 『라틴어 수업』은 100쇄를 돌파하며 40만 부가 판매된 스테디셀러로 일본에서도 출간과 함께 베스트셀러 반열에 올랐다. 지은 책으로는 『로마법 수업』, 『믿는 인간에 대하여』, 『법으로 읽는 유럽사』, 『한동일의 공부법 수업』, 『교회의 재산법』, 『카르페 라틴어 종합편』, 『한동일의 라틴어 산책』 등이 있으며, 『카르페 라틴어 사전』 등의 라틴어 사전을 편찬하고 『동방 가톨릭교회』, 『교부들의 성경 주해 로마서』, 『교회법률 용어사전』 등을 우리말로 옮겼다.

한국의
파브르를
아시나요
?

정부희
곤충학자

벌레를 떠올리면 어떤 생각부터 들까. 벌레라는 말에서 이미 징그럽고 피하고 싶다는 뉘앙스가 숨어 있다. 하지만 벌레 입장에서는 상당히 속상한 일이다. 자신들을 터부시하는 인간을 위해 하는 일이 생각보다 많기 때문이다. 중국에서는 왕성한 식욕을 가진 바퀴벌레를 이용해 음식물 쓰레기를 처리하는 공장을 운영하고, 미국 맨해튼의 개미 군단은 한 해에 핫도그 6만 개 분량의 쓰레기를 처리한다. 성가시게 날아다니는 초파리는 실험동물로 과학의 발전을 이끌고 있으며 최근에는 식량산업부터 로봇 분야까지 벌레의 남다른 재주가 주목받고 있다.

벌레라는 말이 주는 혐오감이나 벌레보다 곤충으로 불러주는 게 배려처럼 생각되는 건 순전히 사람의 입장만 반영한 결과다. 사실 벌레는 곤충보다 상위 개념으로 벌레는 다리가 많거나 다리가 없는 몸으로 꿈틀꿈틀 기어가는 동물을 일컫고, 곤충은 벌레 중에서도 다리 여섯 개, 더듬이 두 개, 날개 네 장이 달려 있는 동물을 가리킨다. 곤충이 벌레의 부분집합인 셈이다. 벌레와 곤충은 우리 일상에 가장 가까이 또 가장 많이 머무르는 생명체이지만 몸집이나 소리가 작아서 자세히 들여다보지 않으면 그 존재를 눈치채기 어렵다. 하지만 종수가 많고 종마다 개성이 강해서 얘깃거리가 많다. 몇날 밤 아니 몇 달 밤을 새워도 모자르다.

일찍이 곤충이 지구 생태계에서 얼마나 중요한 구성원인지 밝혀낸 학자가 있다. 프랑스 곤충학자 앙리 파브르(1823~1915)이다. 그는 행인들의 발길이 오가지 않는 외떨어진 작은 집에서 곤충을 연구했다. 교사를 그만 둔 50대부터 시작한 곤충 연구를 바탕으로 28년 동안 10권의 <곤충기>를 발표했는데 백여 년이 지난 지금까지 베스트셀러로 사랑받고 있다. 파브르는 떠났지만 지구 반대편에서 그의 길을 따르는 이가 있다. '한국의 파브르' 정부희 박사다. 마흔이라는 나이에 늦깎이로 대학원에 들어간 정부희 박사는 곤충에 대한 남다른 애정으로 5년 만에 박사학위를 받은 후 줄곧 우리 땅에 사는 곤충을 연구하고 있다.

많은 사람들이 꺼려하는 꼽등이가 실은 얼마나 겁이 많고 지구에 유익한 곤충인지 밤낮없이 울어대는 통에 밤잠을 설치게 만드는 매미에게 어떤 슬픈 사연이 숨어 있는지 하루살이가 주어진 생을 얼마나 성실히 살아내고 있는지 오랫동안 게으름의 상징으로 불려온 베짱이가 얼마나 애타는 심정으로 노래하고 있는지 정부희 박사가 풀어내는 곤충 이야기는 내내 흥미진진하고 무궁무진하다. 혹독하고 험난한 환경을 극복하며 묵묵히 살아가는 곤충들의 생존기를 통해 많은 사람들에게 희망을 전하고 싶다는 '한국의 파브르' 정부희 박사의 곤충 이야기를 만나보자.

'한국의 파브르'라고 불리는데 마음에 드는 별명인가요?

파브르 서거 100주년이 되는 해에 어느 일간지 기자가 취재를 왔어요. 지구 반대편에서 파브르와 똑같은 길을 걷는 여성 학자를 찾아왔다고 하더라고요. 그 때 '한국의 파브르'라는 별명이 생긴 것 같습니다. 그래서 가만히 생각을 해보니까 저와 파브르가 꽤 비슷한 점이 있습니다. 결혼과 육아로 접어야했지만 교사였던 파브르처럼 영어 교사를 준비했었고 <곤충기> 시리즈도 쓰고 있고, 작은 정원이지만 야외 연구소를 마련해서 곤충을 키우기도 했고 여러 면에서 겹치는 부분이 많았어요. 사실 곤충하면 좋아하는 사람들보다 싫고 징그럽다고 생각하는 사람들이 훨씬 많거든요. 그런 사람들을 대상으로 제가 조금 쉽고 정감있게 곤충 이야기를 풀어내는 전달자 역할을 하고 있는데 '한국의 파브르'라는 별명이 도움이 되는 것 같습니다.

어떻게 곤충학자의 길을 걷게 된 건가요?

제가 태어나고 자란 곳은 중학교 2학년 때 마을에 전기가 들어올 정도로 오지 마을이었어요. 자연을 벗삼아 유년기를 보냈죠. 중학교 때 아주 예쁜 영어 선생님이 학교에 부임해 오셨어요. 사춘기 소녀 눈에 정말 닮고 싶은 선생님이었고 그때부터 영어 교사를 꿈꾸게 됐습니다. 그렇게 대학에서 영어교육학을 전공하고 교사를 준비하다가 결혼을 하고 아이들이 태어났습니다. 결국 교사의 꿈을 접고 두 아들과 함께 전국을 교실 삼아 현장 체험을 다녔습니다. 처음에는 문화유적 답사를 다니다가 야생화를 좋아하게 됐고, 야생화 공부를 하다가 운명적으로 곤충을 만났습니다. 5mm 남짓 쌀알만 한 노랑가슴녹색잎벌레를 본 순간 온 마음을 빼앗겼죠. '우리 곁에 늘 곤충이 있는데 왜 이제야 내 눈에 띄었지? 이 아이의 이름은 뭐지?' 꼬리에 꼬리를 무는 호기심이 저를 곤충학자의 길로 이끌었습니다.

나이 마흔에 새로운 공부를 시작한다는 게 쉽지 않았을 텐데요.

본격적으로 곤충 공부를 해보자 싶어서 대학원 진학을 고민하던 때가 제 나이 마흔이었습니다. '자식 같은 학생들 틈에서 낯선 분야의 공부를 해낼 수 있을까? 뼛속까지 문과 기질인 내가 과를 바꿔 생물학과 대학원에 진학하면 그 공부를 해낼 수 있을까? 사춘기에 접어든 아이들은 어쩌고?' 복잡한 질문들이 연달아 떠올랐죠. 아무리 생각해도 불가능했습니다. 가족과 지인들도 두 아들의 대학 입시가 끝난 후에 고민해보라고 조언했지만 오히려 두 아들은 곤충 공부를 마음껏 해보라고 적극 응원했습니다. 운명이란 것은 분명히 존재했습니다. 현실적으로는 실현 불가능한데 마음 한구석에서는 곤충 공부에 대한 열망이 점점 끓어올랐어요. 마치 운명이 저를 인도하는 것 같았습니다. 오랜 고민 끝에 마침내 생물학과 대학원 진학을 결정했습니다. 지금이야 웃으면서 이야기할 수 있지만 당시에는 곤충학이 대중적인 학문이 아니다 보니 학계 내 배타적인 부분이 있었고 유리천장 같은 벽도 느껴져서 힘든 적이 많았습니다. 하지만 제 목적은 학위가 아니라 곤충에 대한 궁금증을 해소하고 싶었을 뿐이었어요. 그런 순수한 호기심과 동기가 곤충학자로서 성장할 수 있었던 자양분이 됐습니다.

벌레를 사랑하는 기분은 어떤 걸까요? 사람들이 곤충을 벌레로 부르는 것도 틀린 말은 아니지만 그 말에는 징그럽고 무섭다는 뜻이 담겨 있는 경우가 많습니다. 제게 벌레는 징그럽거나 무섭지도 않으면서 마냥 예쁘거나 감동적인 존재로 느껴지지도 않아요. 징그러운 애벌레 또한 어른벌레가 되기 위해 견디는 것으로 비치지만 그건 인간의 관점일 뿐 애벌레 시기는 어쩌면 곤충의 전성기일 지도 모릅니다. 벌레는 우리 곁에 늘 공기처럼 머무르고 있어서 호불호 자체가 없어요. 제게 벌레를 사랑하는 기분은 그런 기분인 것 같습니다.

<정부희 곤충기> 시리즈가 어떻게 시작됐는지 궁금해요. 대학원 때부터 박사학위를 받은 이후까지 출판사에서 출판 제의를 꾸준히 받았어요. 곤충계 바닥이 좁다 보니 출판사에서 저의 문과 이력을 알고 연락한 것 같았어요. 영문학도 출신의 곤충학자가 풀어낸 곤충 이야기가 기존 곤충 관련 책들과 다를 거라고 생

각한 거죠. 처음에는 거절했습니다. 그때만 해도 대중서 출간 작업을 바라보는 학계의 시선이 곱지만은 않았습니다. 특히 저처럼 인문학 전공자, 만학도, 여성 등의 배경을 지닌 연구자를 향한 싸늘한 시선이 몹시 찜찜했어요. 인세가 따르는 대중서 저술 작업은 곧 상업적인 활동의 연장선이었기에 곤충학 입문 의도의 순수성에 흠잡힐 일은 하지 않기로 결심한 것도 있고, 수많은 부류의 사람들이 접하는 대중서를 쓴다는 건 위험한 도전인 것 같았습니다. 그러던 중에 우연처럼 만난 출판사 대표의 부탁으로 첫 곤충 책을 쓰게 됐습니다. 많은 시간을 투자한 결과 우리나라에 사는 토종 곤충들을 주인공으로 총 45종의 곤충 이야기를 담은 <곤충의 밥상>이 완성됐습니다. 책이 나오자마자 인터뷰 요청이 쇄도했고 책을 읽고 곤충을 다시 보게 됐다는 독자들의 반응에 정말 기뻤습니다. <곤충의 밥상>이 제 인생의 처음이자 마지막 책이라고 생각하면서 집필했지만, 이 책이 밑알이 되어 <정부희 곤충기> 시리즈가 탄생했습니다.

우리나라 곤충의 특징이 있나요? 한국은 봄, 여름, 가을, 겨울의 사계절이 뚜렷한 온대지역이라서 아열대지역이나 열대지역에 비해 곤충의 몸집이 작고 색깔도 수수합니다. 우리나라에 사는 곤충은 대략 1만 8천 여 종인데 아무 때나 만날 수 있는 건 아니에요. 대부분의 곤충들은 제각각 자신에게 맞는 계절을 선택해 살아가므로 시기를 잘 맞춰야 만날 수 있습니다. 물론 무당벌레처럼 모든 계절(겨울 제외)에 활동하는 곤충들도 제법 많아서 봄곤충, 여름 곤충, 가을 곤충을 따로 구분하는 게 큰 의미는 없습니다. 또 온난화로 일부 식물이 꽃을 일찍 피우면서 식물의 개화시기에 맞춰 출현하는 곤충들은 기후적응 속도를 따라가지 못하고 꽃이 다 진 뒤에 나오기도 합니다. 그래도 대체적으로 봄, 여름, 가을마다 많이 마주치는 곤충이 있습니다. 이렇게 우리나라 곤충들은 계절을 탑니다. 바뀌는 계절에 순응하며 머물기도 하고 떠나기도 합니다. 머물 때와 떠나갈 때를 진정으로 아는 존재죠. 야외에서 1센티미터도 안 되는 곤충과 눈을 맞추다 보면 외경심이 들 때가 많습니다.

곤충에게서 가장 배워야 할 점은 무엇일까요?

곤충은 자기 분수를 잘 알아요. 사람들은 잡식이라서 아무 먹이든 다 먹는 반면에 곤충들을 먹는 밥이 따로 정해져 있습니다. 식물을 먹는 곤충, 육식을 하는 곤충, 배설물이나 생물의 시체를 먹는 곤충까지 다양합니다. 자기들의 먹잇감이 따로 정해져 있어서 남의 밥상을 굳이 넘볼 필요가 없습니다. 반면 사람들은 배가 고플 때나 부를 때나 상대방의 먹잇감을 욕심내고 빼앗는 지구 생태계의 무법자들이죠. 어떻게 보면 인간들보다 곤충들이 지구

공존에 도움되는 존재라고 볼 수 있습니다.

최근 들어 곤충들이 많이 사라지고 있다
는 걸 느낍니다. 이러다가 매미가 사라진
여름이나 귀뚜라미 소리가 들리지 않는
가을이 올 지도 모릅니다. 태어난 순서로만 보면 곤충은 인간보다
먼저 지구에 나온 선배입니다. 곤충이 지구에 출현한 때는 약 4억
년 전이고, 현생인류는 약 4만 년 전에 나타났습니다. 약 46억 살
인 지구의 나이를 24시간으로 계산하면 곤충은 오후 9시 50분경
에, 사람은 오후 11시 58분경에 탄생한 셈입니다. 하지만 뇌 용량
이 큰 인간이 지구에 나오면서 지구의 다른 생물들에게 비상이 걸
렸습니다. 특히 지구의 주인이라 할 만큼 종수가 많은 곤충은 인
간과 먹이경쟁을 하게 되면서 사람과 곤충의 관계는 '익충과 해충'
의 구도 속에 갇혔습니다.

세계적으로 멸종위기에 놓인 동물을 보호해야 한다고 목소리
를 높이고 있지만 정작 곤충의 멸종에 대해서는 관심이 덜한 것
같아요. 곤충은 일단 크기도 작고 심리적으로도 사람들이 좋아하
는 생물군이 아니다 보니 보호해야 할 대상으로 바라보지 않는 게
문제입니다. 하지만 이대로 곤충들이 사라지면 지구의 미래는 큰
변화를 맞을 수밖에 없습니다. 그렇게 되면 인류의 생존도 장담할
수 없을 것입니다. 곤충은 인류의 전 역사 동안 인간과 함께 이 땅

에서 살아왔고 같은 공간 같은 시간에 공존하는 것을 넘어 서로 촘촘히 관계를 맺어온 생태 동반자라는 사실을 잊지 말아야겠습니다.

사람에게 해를 끼치는 해충은 없애야 하지 않을까요? 많은 사람들이 벌레를 공생이 아닌 박멸의 대상으로만 바라보는 것 같아요. 냉정하게 생각하면 대부분의 벌레들은 사람에게 물리적인 피해를 주지 않습니다. 인간이 최고이고 생태계를 통제할 것이라는 생각은 위험합니다. 방역을 하면 곤충이 당장 눈앞에서 사라져서 좋을 것 같지만 생태계 균형이 깨지면 그 부정적 영향은 인간에게 다시 돌아옵니다. 한 종류의 생물만 없애는 살충제는 없어요. 다른 생물도 같이 죽는 거죠. 살충제로 죽은 생물을 먹고 사는 2차, 3차 포식자들의 생존도 위협받고 생물체의 유전자 변형까지 일으킬 수 있습니다. 벌레를 익충과 해충으로 나누는 것도 인간이 세운 상대적인 개념입니다. 해충의 정의는 사람의 건강이나 먹는 것에 문제를 일으키는 벌레이지만 곤충 입장에서는 그 용어를 받아들일 수 없지 않을까요. 곤충들은 자신의 생존 방식대로 살아가는 것 뿐입니다. 벌레와 인간이 공생하려면 벌레를 마냥 부정적익 존재로 보지 않는 인식 전환이 선행되어야 합니다.

미래 식량 자원으로
곤충이 주목받고
있는데요.

곤충의 입장에서는 억울할 테지만 곤충을 먹는 건 어제오늘 일이 아닙니다. 먼 과거로 거슬러 올라가면 인류 역사 초기에는 식생활에 곤충이 단골로 등장했습니다. 농경문화가 정착되기 이전에 수렵과 채집으로 연명할 당시에는 벌이나 굼벵이 같은 애벌레가 중요한 단백질 공급원이었을 것입니다. 현재도 세계적으로 약 1,900종이 식용으로 이용되고 있으니 곤충을 하나의 음식으로 취급하는 것은 분명합니다. 우리나라 사람들에게 곤충은 주식이 아닌 약용이나 주전부리용이지만 여전히 많은 나라에서 곤충은 배고픔을 달래는 음식입니다. 게다가 곤충은 생태적인 특성상 미래 식량으로서 장점이 아주 많습니다. 먼저 키우는 비용이 적게 듭니다. 채집이나 사육에 필요한 설비나 장치가 복잡하거나 요란하지 않고 키우는데 복잡한 기술이 들어가지 않아 도시와 농촌 사람들 모두에게 생계 유지의 기회를 줄 것입니다. 또한 곤충은 한살이가 짧고 다산을 합니다. 몸이 작아 먹잇감이 많이 들지 않으니 이보다 경제적일 수 없습니다. 온실가스도 다른 동물보다 현저히 적게 방출해서 기후변화 시대에 효과적인 식량산업입니다.

곤충학자로서
바라는 점이 있나요?

모든 생명은 존재의 의미가 있습니다. 모두가 생태계의 일원으로서 그들만의 방식으로 묵묵히 삶을 살아갑니다. 진화 과정을 통해 척박한 지구 환경에 적응하면서 지금 이 순간 이 땅에 존재하게 된 생명을 좌지우지할 권한은 인간에게 없습니다. 인간도 그 무수한 생명들 중 하나일 뿐입니다. 예쁜 곤충이라고 강요하고 싶진 않지만 이 징그러운 녀석들은 적어도 우리와 공존하고 있는 이웃인 건 분명합니다. 하지만 무분별한 개발과 지구온난화에 몸살을 앓고 살충제 때문에 죽어가고 끊임없이 들어서는 건물과 도로에 쫓기는 중입니다. 징그러워도 좋으니 제발 많은 곤충이 불쑥불쑥 나타나주기만 해도 좋겠습니다. 더 늦기 전에 들로 숲으로 나가보는 건 어떨까요. 계절과 상관없이 그곳에서 작은 생명 곤충이 기다리고 있습니다.

정부희

'한국의 파브르'로 불리는 곤충학자. 이화여자대학교 영어교육과를 졸업한 뒤 '엄마'와 '아내'로 살다가 곤충에 빠져 뒤늦게 성신여자대학교 생물학과 대학원에 입학해 곤충분류학을 공부했다. 버섯살이 곤충에 대한 연구를 본격화하면서 「한국산 거저리과의 분류 및 균식성 거저리의 생태 연구」로 곤충학 박사 학위를 받았으며 이화여자대학교 에코과학연구소와 고려대학교 한국곤충연구소에서 연구 활동을 했고 한양대학교, 성신여자대학교, 건국대학교 등 대학을 비롯한 여러곳에서 강의하며 우리곤충연구소 소장으로 활동하고 있다. 거저리과 곤충과 버섯살이 곤충에 관한 논문을 70편 넘게 발표하면서 왕성한 연구 활동을 이어가고 있으며 국립생물자원관에서 곤충 조사 및 연구에 참여하고 있다. 지은 책으로는 곤충학 입문서인 「정부희 곤충학 강의」와 학술서적으로 '균식성 딱정벌레' 관련 7권이 있고 '정부희 곤충기' 시리즈인 「곤충의 밥상」, 「곤충의 보금자리」, 「곤충의 살아남기」, 「곤충과 들꽃」, 「곤충의 짝짓기」, 「곤충의 집짓기」가 있고 어린이 독자들을 위한 「우리 땅 곤충 관찰기」시리즈, 「세밀화로 보는 정부희 선생님의 곤충교실」시리즈, 「버섯살이 곤충의 사생활」, 「곤충들의 수다」 등이 있다.

여러분의
가족은
안녕하십니까
?

최광현
한세대학교 상담대학원 교수

우리에게 가족은 어떤 의미일까. 2001년 9월 11일 미국 뉴욕에서 발생한 9·11테러 당시 사고 소식이 알려지자마자 갑자기 엄청난 전화량이 폭주했다고 한다. 수많은 사람들이 한꺼번에 누군가에게 전화를 걸었기 때문이다. 그 대상은 대부분 사랑하는 가족들이었다. 삶의 가장 힘든 순간에 전화를 걸어 안부를 묻는 대상이 가족이었던 셈이다. 하지만 우리의 일상 속에서 가족은 또다른 의미로 다가오기도 한다. 소중하고 그리운 대상이지만 동시에 떠올리기만 해도 가슴이 무거워지고 피하고 싶은 존재이기도 한 것이다. 환하게 밝은 양지와 그늘진 음지가 공존하는 것처럼 가족에도 두 얼굴이 있다.

일본의 유명 영화감독인 기타노 다케시가 "가족이란 아무도 보지 않는다면 내다 버리고 싶은 존재"라는 말을 했다. 이 말에 공감하는 이들도 있고 공감하지 않는 이들도 있을 것이다. 가족은 우리가 지치고 힘들 때 마지막으로 몸을 숨길 수 있는 최후의 보루로 여겨지지만 사실 언제나 그런 것은 아니다. 우리 마음에 생긴 가장 깊은 상처는 대부분 가족과 연결되어 있다고 한다. 왜 가장 가까워야 할 가족끼리 상처를 주고받을까. 가족에게 나의 감정이 폭발하는 이유는 뭘까. 이런 문제들의 해결책을 찾기 위해서는 자신이 가족에게 어떤 상처를 받았는지 어떤 아픔이 곪아 있는지 정확하게 직시하는 것이 중요하다.

우리 모두가 당연히 알고 있다고 오해하고, 가장 친밀해서 외면하는 가족에 대해 제대로 배울 필요가 있다. 아무도 배워야 한다고 생각하지 못하지만 꼭 필요한 가족공부. 세상 모든 가족을 위한 마음공부법이 궁금하다면 가족심리치유 전문가 최광현 교수를 만나보자.

독일과 우리나라에서 가족치료사로 활동
하면서 가족에게 따뜻함보다는 슬픔과 아
픔, 피해의식과 트라우마를 지닌 이들을 더 많이 만났습니다. 가
족 갈등은 부부 각자가 자신이 나고 자란 원가족에게 받은 상처를
제대로 극복하지 못한 채 새로운 가족을 꾸렸다는 데에서 비롯됩
니다. 각자의 상처가 합쳐져 또 다른 상처를 낳는 것입니다. 따라
서 관계의 회복은 어린 시절의 상처 입은 내면아이를 돌아보는 것
에서 시작합니다. 거기서부터 시작해야 갈등의 원인이 어디서 비
롯되었는지 제대로 파악할 수 있기 때문입니다. 우리의 가장 깊은
상처는 가족과 연결되어 있고 그래서 가족치료를 통해 자기 회복
이 필요합니다. 그렇다고 어린 시절의 상처, 즉 트라우마가 평생
따라다니는 그림자가 되지는 않습니다. 상처가 났을 때 붕대를 감
듯 마음속 상처가 무엇인지 직면하고 그곳에 붕대를 감아 주면 나
을 수 있습니다. 사람들은 어린 시절의 고통을 반복하려는 무의식
적 강박이 있기 때문에 어린 시절의 나를 돌아보며 상처를 직시하
고 공감하는 시간을 갖는 것이 중요합니다.

우리가 힘든 일을 겪을 때 어쩌면 나 혼자
만의 인생이라고 여기고 관계의 희망이
나 소통을 포기하는 것이 좀 더 쉬운 해결책이라고 생각할 수 있
습니다. 하지만 내 인생이 내 것만이 아니라 사랑하는 가족과 연

결돼 있다고 생각하면 마음은 복잡해집니다. 부모나 자녀를 떠올리면서 힘을 내고 헤쳐 나가야지 마음 먹으면 삶의 의지가 샘솟기도 하지만 내 삶을 한없이 옥죄는 굴레처럼 여겨져 마음의 생채기가 더 곪아버릴 수도 있습니다. 실제로 주변을 돌아보면 가족이라는 말이 그렇게 안정감을 주지 않는 경우도 많습니다. 나에게 힘이 '되어주는' 반면에 짐이 '되어지는' 애증의 모습이 가족 안에 모두 존재합니다. 사랑하지만 지긋지긋한, 너무너무 소중하지만 가장 상처를 주는, 사랑하지만 미워할 수 밖에 없는 애증의 딜레마. 놀랍게도 우리가 인생을 살면서 가장 큰 상처는 대부분 가족 사이에서 발생합니다. 얼핏 생각하면 상처는 가족 바깥에서 벌어질 것 같지만 의외로 상처가 처음 태어나는 근원지가 가족일 때가 많습니다.

세상에
완벽한 가족은
없는 걸까요?

우리 가족은 아무 문제가 없다고 이야기 하는 사람은 별로 없을 것입니다. 설령 우리 가족은 완벽하고 아무 문제없다고 한다면 사실 그게 더 염려스럽습니다. 우리가 살고 있는 이 세상은 끝없는 갈등과 문제를 안고 있습니다. 가족도 마찬가지입니다. 하지만 끝없는 문제가 오더라도 그것을 해결하고 앞으로 나아가야 합니다. 가족은 언제나 화목할 수 없습니다. 그리고 이 사실을 받아들일 수 있다면 오히려 조금 더 여유있게 가족의 문제와 갈등을 위해서 애쓸 수 있지 않을까 싶습니다. 가족은 우리가 위험에 처했을 때 피해 있을 수 있는 마지막 안식처인 동시에 가장 깊은 상처와 아픔을 주는 공간일 수 있습니다. 이런 두가지 면이 가족 안에 모두 있습니다. 우리의 관계는 모두 가족에서 출발하고 가족의 다양한 초상은 모든 세대를 아우르는 사회 문제와 맞물립니다. 그런 면에서 가족공부는 꼭 필요합니다.

**가족 문제를
해결하는 첫걸음은
무엇인가요?**

문제가 있는 부부와 가족을 치료할 때 기본 전제가 있습니다. 각자 배우자가 어린 시절에 경험한 부모의 결혼생활과 그때 받았던 상처, 그리고 지금 가족관계에서 비롯된 문제가 1+1로 합쳐져서 불만과 짜증, 분노로 일그러진 가족이 되었다는 사실입니다. 가족 모두가 이 사실을 이해하고 서로의 상처를 공감하며 존중하는 태도를 갖춰야 문제를 푸는 길이 보입니다. 그 실마리를 찾아가는 마중물은 자기애를 되찾는 것입니다. 또한 어린 시절 부모에게 거부당하고 사랑받지 못한 자기애가 부족한 사람은 쉽게 상처 받고 좌절합니다. 이런 사람 안에는 이른바 '면박꾼'이 존재합니다. 면박꾼은 자신의 잘못을 확대해서 지적하고 무엇인가를 하려 들면 부정적인 면만을 강조하는, 내 안의 또 다른 자아인 것입니다. 오랫동안 함께했던 면박꾼의 소리를 나 자신과 분리하면 서서히 면박꾼이 사라지면서 자기애와 자존감을 회복할 수 있습니다. 불행한 부부관계와 힘든 자녀관계를 푸는 열쇠는 상대방이 아닌 '나' 자신에게 있습니다.

가족 갈등의 시작은 부부일까요?　　타인과 타인이 만난 결혼생활에서 어쩌면 갈등은 피할 수 없는 통과의례일지 모릅니다. 부부싸움을 전혀 하지 않는 가족은 드물 것입니다. 그 갈등을 해결할 수 있는 열쇠는 현재가 아니라 과거에 있습니다. 부부가 품고 있는 현재와 과거의 문제를 분리하는 핵심은 역지사지입니다. 무엇보다 부부 갈등은 두 사람만의 문제가 아니라는 점을 명심해야 합니다. 가족은 또 다른 가족을 낳기 때문입니다. 현재 부부가 갈등하고 있다면 두 사람 곁에 있는 자녀의 입장을 헤아려 보기 바랍니다. 자녀도 언젠가 또 다른 가족을 꾸릴 텐데, 지금 부모가 보여주는 갈등은 자녀의 미래에 무의식적으로 모방될 수 있다는 사실을 반드시 알아야 합니다.

건강한 부부관계와 행복한 가족의 모습은 어떤 이벤트나 말 한 마디로 만들어지지 않습니다. 일상 속에서 주고받는 존중이 조금씩 쌓여 가족의 표정을 드러냅니다. 그 존중은 바로 가족이 현재 나누는 소통의 모습을 통해 구체적으로 드러난다고 할 수 있습니다. 그렇게 부부 사이의 소통은 결국 우리 가족뿐만 아니라 타인과 나누는 소통까지 영향을 미쳐 한 사람이 맺고 있는 모든 관계의 표정을 결정합니다. 지금 여러분이 가장 가까운 사람을 비롯해 숱한 타인과 나누는 소통이 어떤 표정인지 살펴보시기 바랍니다.

<table>
<tr><td>

가족 안의
세대 갈등은 어떻게
풀어야 할까요?

</td><td>

역사를 살펴보면 세대 갈등은 시대를 막
론하고 언제나 반복됐습니다. 우스갯소리
로 고대 그리스 시대의 낙서 중에 "요즘

</td></tr>
</table>

젊은 것들은 버릇이 없다."는 문구도 있다고 하니 세대 갈등의 역
사는 생각보다 더 많은 세월을 거슬러 올라가야 합니다. 하지만
아버지의 힘이 아무리 강력해도 시간은 언제나 아들 편입니다. 제
아무리 기성세대가 세상의 모든 것을 소유하고 그들에 의해 세계
질서가 작동한다고 해도 시간은 흘러가고 아들은 또 다른 힘을 가
진 아버지로 성장합니다 새로운 세대가 힘을 소유하려면 기성세
대가 가진 힘을 물려받아야 합니다.

기성세대는 다음세대에게 존경을 받고 싶어 하는데 이러한 욕
구를 실현하기 위해 반드시 필요한 것이 선한 권력의 힘, 바로 영
향력입니다. 세대 갈등은 새로운 세대와 기성세대가 권력을 이양
하는 과정에서 발생하는 일종의 통과의례입니다. 부모 세대는 곧
이어 세상의 중심이 될 새로운 세대에게 그 자리를 물려줘야 합니
다. 어쩌면 부모 세대가 자녀 세대에게 건넬 수 있는 가장 큰 선물
은 그들이 아버지를 뛰어넘어 건강한 권력의 힘을 얻을 수 있도록
끊임없이 북돋우며 응원하고, 어떤 목소리에도 귀 기울이는 게 아
닐까 생각합니다. 언제나 시간은 새로운 세대의 편이라는 사실을

명심해야 합니다.

최근 '1인 가구'가
급증하고 있는데
가족과의 문제는
없을까요?

뉴스나 방송 등을 통해 '혼자 사는 청춘'의 다양한 모습을 보면서 아지트가 떠올랐습니다. 아동을 상담하기 위한 놀이치료실에서 반드시 갖추어야 할 공간이 아이가 혼자 숨을 수 있는 아지트입니다. 책상 밑이나 작은 텐트는 불안감을 느끼는 아동에게는 피난처인 셈입니다. 젊은 세대가 자기만의 방을 소유하고 취향에 따라 혼자 사는 공간을 꾸미는 행위 역시 결코 녹록하지 않은 현실에서 맞닥뜨리는 위험과 불안으로부터 심리적인 균형을 이루는 작은 몸부림일지 모릅니다.

인간은 친밀한 소통을 통해 일체감과 안정감을 얻습니다. 자기만의 공간에서 심리적 안정을 누린다고 해도 1인 가구 역시 가족이나 친구와 맺는 건강한 관계가 필요합니다. 오히려 가족과 함께 지낼 때는 부모라는 방패가 있지만 자칫 혼자라는 사실 때문에 감당할 수 없는 관계에 더 쉽게 노출될 우려가 있습니다. 가족과 원활하게 소통하는 것이 중요합니다. 지나치게 자주 가족을 방문할 필요는 없지만 경계가 너무 멀어져도 안됩니다. 가족 말고도 마음을 터 놓고 함께 이야기를 나누고 서로의 일에 관심을 기울여주는 사람이 필요합니다. 친구, 동료, 이웃, 동호회 등 또 하나의 유사한 가족 구성원을 확보해 사회적 네트워크를 적절하게 관리할 수

있어야 진정한 자유와 독립, 친밀감과 일체감에 균형을 유지할 수
있습니다.

가족의 아픔과 상처에는 어쩔 수 없는 운
명이란 존재하지 않습니다. 그 운명은 얼
마든지 바꿀 수 있습니다 그렇다면 아픔과 상처를 바꿀 수 있는
방법은 무엇일까요. 기나긴 인생을 살다 보면 과거에 상처를 주었
던 가해자에 대한 분노는 조금씩 흐려지는데 그 주변에서 충분히
공감하고 지지해주지 않은 사람이 더 아프고 용서되지 않을 때가
있습니다. 그렇게 상처는 상처 자체에 머물지 않고 오늘 또 다른
모습으로 찾아오려고 기회를 노립니다.

어린 시절 겪은 상처는 반드시 해결해야 합니다. 상처를 대충
묻어두고 외면하지 말고, 기억하고 싶지 않은 과거의 상처와 마주
보아야 합니다. 문을 닫아건 과거의 상처와 만나고 치유하고 회복
하는 여정에서 가장 중요한 부분이 있습니다. 핵심은 내게 상처를
주었던 가족이나 주변 사람을 용서하고 화해하는 게 아닙니다. 바
로 상처받은 '나' 자신을 존중하고 용서하는 것입니다. 가해자에게
분노와 원망을 쏟아내는 게 아니라 무기력하게 상처를 떠안을 수
밖에 없던 나약한 자기 자신을 보듬어주는 것입니다. 자기 자신을
더 이상 수치스러워 하지 않고, 따뜻한 손을 내미는 순간 비로소
진정한 화해가 시작될 것입니다. 상처받은 어제의 나와 비록 고통

의 근원을 해결하지 못했지만 지금까지 건강하게 견뎌준 오늘의 나를 구분해 바라보는 노력을 계속하다 보면 상처를 극복하고, 자기 자신을 사랑하고, 나아가 타인을 이해하고 보듬어 줄 수 있는 힘까지 얻을 수 있습니다.

가족상담을 하면
회복될 수 있나요?

가족상담은 부모와 자녀, 아내와 남편, 가족으로 엮인 수많은 관계 사이에 놓인 무질서를 질서로 바꾸는 작업입니다. 그러나 완벽하게 질서로 바꾸는 것이 아니라 적당한 질서와 무질서가 공존하며 건강하게 기능할 수 있는 가족의 변화를 이끌어내는 작업입니다.

"너무 많이 변하면 다시 제자리로 돌아온다."는 프랑스 속담이 있습니다. 가족상담에서 갈등과 고통을 해결하는 실마리는 대부분 코스모스와 카오스 중간지대에 존재합니다. 질서와 무질서가 뒤섞인 현실을 벗어나는 것은 오직 가족의 몫입니다. 상처받고 메마른 땅이 완벽한 조화를 이루는 극상림으로 우거지려면 오랜 기다림이 필요합니다. 가족에게 휘몰아친 혼돈이 균형을 이루고 무질서한 현실에서 조금씩 질서가 태어나 조화를 이루기 위해서는 결국 빛과 물, 그늘과 바람 같은 소통이 필요합니다. 그렇게 세계와 세계가 만나 또 다른 세계를 약속할 때 가족이라는 세상에서 가장 작은 우주는 건강한 뿌리를 내리고 찬란한 잎을 틔우고 온 세상의 질서를 회복하고 아름답게 물들일 것입니다.

세상의 모든
가족들에게 전하고 싶은
말이 있나요?

가족은 우리가 평생 풀지 못한 숙제이지만 우리가 평생 가슴 속에 지닌 희망이기도 합니다. 가족에게 상처받은 사람이 있다면, 여전히 인생에서 풀지 못한 숙제가 있다면 자기 자신을 좀 더 좋아하고, 자신에게 따뜻한 손길을 내밀 수 있었으면 좋겠습니다. 어떻게 하면 사람들이 나를 좋아할까, 어떻게 하면 사람들과 좋은 관계를 맺을까 고민하기에 앞서 '어떻게 하면 나를 좀 더 사랑할 수 있을까.' 내면을 들여다보는 시간을 가졌으면 좋겠습니다.

우리는 모두 가족이 있습니다. 어린 시절의 가족, 지금의 가족, 또 미래의 가족도 있습니다. 우리는 태어나서 죽을 때까지 어떤 방식으로든 가족에게 둘러싸여 살아갈 수밖에 없습니다. 지금 당신이 함께하고 있는 가족은 어떤 모습인가요. 상처와 고통인가요, 기쁨과 희망인가요. 하지만 그 모든 가족이 어떤 표정을 짓고 있든 모든 것은 내가 나 자신을 어떻게 받아들이고 변화하고 노력하는가에 따라 얼마든지 달라질 수 있습니다. 내가 나를 사랑하는 것. 바로 그 마음의 씨앗이 상처와 갈등으로 메마른 가족을 적시는 한 방울의 봄비라는 사실을 반드시 기억해야 합니다.

최광현

상담학자. 한세대학교 상담대학원 가족상담전공 교수이자 (사)한국인형치료학회장. 연세대학교 대학원을 마치고 독일 본대학교에서 가족상담 전공으로 박사학위를 받았다. 이후 독일 본대학병원 임상 상담사와 루르가족치료센터 가족치료사로 활동하면서 유럽 여러 나라의 수많은 가족이 안고 있는 갈등과 아픔을 목격했다. 세상에서 가장 가까운 가족과 마음 불편하게 사는 사람들은 국경을 초월해 어디에나 많았다. 한국에 돌아와서도 트라우마가족치료 연구소장으로 수많은 가족의 아픔을 상담해왔으며, 상처 입은 사람들을 돕기 위해 내면아이 치유와 인형치료에 매진하고 있다. 지은 책으로는 〈가족의 두얼굴〉 〈사람이 힘겨운 당신을 위한 관계의 심리학〉 〈나는 내편이라고 생각했는데〉 〈가족의 발견〉 〈나는 남자를 버리고 싶다〉 〈인형치료〉 〈부부·가족인형치료〉 〈인형심리평가〉 〈상처 입은 내면아이 인형치료〉 〈가족 세우기 치료〉 〈지금 나에게 필요한 용기〉 〈인형치료카드〉 〈양 떼를 지켜라 인형 치료카드〉 〈아들은 아버지의 등을 보고 자란다〉 〈가족공부〉 등이 있다.

너는 나의
봄,

오월
광주

천하람 하헌기 문정은

시간이 흐르면서 자연스럽게 잊히는 것들이 있다. 하지만 어떤 일들은 잊고 싶어도 어느 순간 문득 떠올라 몸과 마음을 힘들게 한다. 특히 그 일을 납득할 수 없을 때 기억은 아프고 쓰라리다. 44년 전, 평범한 광주 시민들의 일상을 잔혹하게 짓밟았던 역사의 기억은 지워지고 왜곡된 채 철저히 은폐됐다. 참혹했던 5·18의 진실은 사라지고 가해자의 기록만이 마치 진실인 양 기억되고 있다. 어쩌면 5·18민주화운동은 기억과 망각의 싸움일지도 모른다. 그 싸움은 치열했고 지금도 여전히 치열하게 진행 중이다. 기억은 힘이 약하지만 우리가 함께 기억하고 연대할 때 충분히 강해질 수 있다.

여·야를 막론하고 5.18의 진실에 대한 분노와 부채의식이 자신을 성장시켜준 힘이 되었다고 고백하는 정치인들이 많다. 그것은 함께하지 못한 것에 대한 부끄러움의 감정이었고, 그 부끄러움은 부채의식으로, 하나의 역사의식으로 공유되어 한국 사회를 움직여왔다. 하지만 1980년 이후 44년의 세월이 흐르면서 5·18민주화운동은 누구나 공감하는 모두의 기억으로 남아있지 않다. 왜 5·18은 광주만의 기억과 기념으로 축소되어가는 것일까. 위정자들과 정치인들이 광주를 민주화의 성지로 추앙하고 소모할수록 5·18을 향한 국민의 관심은 점점 더 멀어지는 것처럼 느껴진다.

오월의 역사는 비단 오월세대, 그리고 광주만의 역사는 아닐 것이다. 5·18민주화운동의 광주정신을 널리 알리고 계승하는 일은 이제 우리 시대의 몫으로 남았다. 5·18민주화운동을 겪지 않은 청년세대들에게 80년 광주의 오월이 살아있는 시대정신으로 이어지도록 우리 모두 진지한 고민과 소통이 필요한 때다. 1980년 이후 세대인 청년들에게 5·18민주화운동은 어떤 의미와 가치로 인식되고 있는지 여·야를 대표하는 청년 정치인 세 명의 이야기를 들어보자.

천하람 ○ 광주에 대해 처음 떠오르는 것은 5·18민주화운동입니다. 민주화운동의 대표도시라는 이미지가 강하다고 생각합니다. 그 다음에는 선거 때나 프로야구 시즌에 기아타이거즈에 대한 응원 등에서 나타나는 좋게 말하면 '단결력' 나쁘게 말하면 '배타성'입니다. 자세히 살펴보면 좋은 점이 많이 있지만, 겉으로 드러나는 것을 보면 다른 광역시에 비해 발전이 더디다는 인상도 있습니다.

하헌기 ○ 부채의식입니다. 제가 이십대 때는 주로 일베(온라인 커뮤니티 사이트)등을 통해 '7시', '홍어' 같은 악랄한 인터넷 용어들이 만들어져서 호남혐오를 유머처럼 소비하는 것을 봤습니다. 동시대 사람으로서 솔직히 미안했습니다. 그런 걸 보는 광주와 호남 분들의 감정은 어떻겠습니까? 아직까지 해소가 되지 못하고 있는데 광주를 바라볼 때마다 공동체적 부채의식이 있습니다.

문정은 ○ 광주는 제가 사는 곳이라 어떤 이미지라고 말하기 어색한 측면이 있습니다. 서울에서 태어나 오래도록 생활하셨던 아버지가 전라도 출신 어머니를 만나 결혼하셨는데, 저에게 유독 '전라도 사투리를 쓰지 말라', '일부러 광주 출신이라 밝힐 필요 없다'고 했던 때를 오래도록 곱씹어보게 됩니다. 1997년 대통령 선거도 인상적이었습니다. 초등학교 5학년 즈음 김대중 대통령의 당선을 기원하며 속앓이 하던 외가 식구들의 간절한 마음들, 밤새워 TV 앞에 앉아있던 가족들의 심정은 어떤 것들이었을지 문득 돌아보게 됩니다.

5·18민주화운동을
언제 처음 알게
되었나요? 천하람 ◦ 초등학교 6학년 여름방학 때 부
모님과 광주에 와서 5·18민주묘지를 참
배한 적이 있었습니다. 어릴 때부터 역사
에 관심이 많았기 때문에 그 전에도 광주민주화운동에 대해 어
느 정도 알고 있었지만, 지금까지 당시의 기억이 선명한 것을 보
면 5·18민주묘지를 참배하면서 어린 마음에도 다소 놀랐던 것 같
습니다. 그리 오래되지 않은 시기에 이렇게 많은 분들이 국가 폭
력에 의해서 희생되었다는 점에 대해서 말입니다. 이후에 특별히
5·18민주화운동에 대한 생각이 달라진 것은 없는 것 같습니다. 오
히려 정치를 하면서 제가 5·18민주화운동을 존중만 해도 주위에
서 높게 평가해주셔서 그것이 더 이상했습니다.

하헌기 ◦ 5·18민주화운동에 대해서 처음 알게 된 건 학교 다닐 때
수업을 통해서였습니다. 사실 그때까지만 해도 제게 5·18은 그냥
역사화 된 이야기였습니다. 평생을 영남에서 살았기 때문에 제 입
장에서는 책에서만 본 이야기였습니다. 성인이 되고 나서야 호남
출신 지인에게 "전두환이 한 도시에서 집집마다 있는 제삿날을 같
은 날로 만들어버렸다."라는 말을 듣고 나서야 '아, 이거 아직 역사
화 된 거 아니구나'라고 새삼 깨닫게 되었습니다. 물론 역사적 '평
가'는 끝났습니다만, 생존자가 남아있고 밝혀지지 않은 진실이 최

근까지 나오고 있는 상황에서, 그리고 여전히 왜곡하려는 사람들이 많은 현실에서, 진실의 토대위에 제대로 '청산'을 해야 진짜 역사화가 될 거라고 생각합니다.

문정은 ○ 광주에서 학창 시절을 보낸 저는 학교 내 계기 교육으로 진행된 5·18과 관련된 다양한 방식의 수업과 경험담, 이야기, 체험, 견학 활동을 경험했습니다. 그중에 가장 강렬한 기억은 5·18 묘역과 금남로에서 마주했던 그 날의 참혹한 피해를 보여주는 사진들이었습니다. 집 근처에 있던 5·18기념공원이나 시내 곳곳에 놓여있던 5·18 관련 사적비 등도 그냥 지나치기에는 이미 너무 많은 것들을 알게 된 후였습니다. 너무도 잔인한 진실 앞에 두려웠고 괴롭고 피하고 싶고 알고 싶지 않은 마음도 오래 갔습니다. 믿기 어려운 역사의 진실 앞에 광주에서 벌어진 일들을 제대로 알아야겠다는 생각, 자신의 목숨을 내놓고서까지 알리고자 한 진실에 대해서 더 많이 알고, 널리 알려야 한다는 생각을 하게 되었습니다.

광주 안팎에서 바라보는
5·18민주화운동의
인식 차이가 큰가요?

천하람 ○ 현재와 과거의 차이라고 표현할 수 있겠습니다. 5·18과 관련한 광주의 아픔은 현재진행형입니다. 당시에 고등학생, 대학생이었던 분들은 아직도 60대 밖에 되지 않았습니다. 2020년에 오월 희생자들의 모습으로 대형 인형을 제작하여 금남로에서 행진을 했던 오월시민행진에 참여했었는데, 반대편 차선에서 그 행진을 보시던 택시 기사님과 버스 승객들이 눈물을 흘리는 것을 보았습니다. 떠나보낸 가족과 친구가 떠올랐기 때문일 겁니다. 아직도 광주에서는 5월에 축제를 하지 않습니다. 하지만 광주 밖에서는, 특히 5·18 이후에 태어난 청년 세대는 광주민주화운동은 교과서에서 배운 일련의 과거 사건들 중 하나로 인식하고 있는 것도 현실입니다.

하헌기◦광주 안에서 바라보는 5·18민주화운동에 대해서는 잘 모르겠습니다. 아마도 바깥에서 바라보는 인식보다는 더 현재진행형이고, '본인의 일'에 가까운 것 아닐까 추정합니다. 그런데 이제는 광주 밖에서 보는 5·18도 대체적으로 지역의 역사나 다른 지역의 비극이 아니라 한국의 위대한 역사라고 생각합니다. 헌법 전문에 포함시킨다는 논의가 그래서 나오는 거라고 생각합니다. 광주 밖에서도 5·18은 우리의 역사이고, 자신들의 일로 여기고 있다고 생각합니다. 5·18에 대한 청산이 진행될수록, 점점 더 보편적인 인식으로 자리 잡을 거라고 믿습니다.

문정은◦광주시민들에게 5·18은 삶이고 일상입니다. 매일 아침 출근길이나 등굣길에서 만나는 5·18사적지와 거리마다 가득한 사연들은 광주가 오롯이 5·18의 현장이고 역사였음을 알려줍니다. 40여 년의 세월이 흘러 그 빛과 색이 바랬다고 생각할 수 있지만, 미얀마로 홍콩으로 더 넓게 퍼져가는 오월 광주정신에 대한 자긍심은 더욱 커지고 있습니다. 하지만 광주 밖 시민들에게 5·18은 여전히 엄숙하고 비장한 역사일 수 있겠다는 생각이 듭니다. 한편으로는 5·18을 이념으로 생각하기도 합니다. 광주 오월은 특정 세력들이 전유하는 유일한 가치도 아니며, 안과 밖 할 것 없이 5·18민주화운동에 대해 여전히 알아야 할 것이 있고, 기억할 것이 남았고, 이어가야 할 것들이 많은 민주주의의 무궁무진한 보고라고 생각합니다.

타지역과 청년 세대들에게 5.18민주화운동을 제대로 알릴 방법이 있을까요?

천하람 ○ 대부분의 MZ세대는 5.18광주민주화운동을 제대로 알고 있다고 생각합니다. 제 주변만 보더라도 대부분 학교 교과 과정을 통해서든 영화 같은 문화콘텐츠를 통해서든 광주민주화운동에 대해 (아주 구체적으로는 아니더라도) 타당한 인식을 갖고 있다고 여겨지며, 왜곡된 시각을 가진 사람은 찾아보기 어렵습니다. 인터넷 공간에서 시끄러운 사람들이 일부 있는 것 같지만, 5·18민주화운동은 우리 세대에서 논란의 대상이 아닙니다. 당연히 민주화운동이라고 알고 있습니다.

하헌기 ○ 5·18에 대한 왜곡이 가장 심했고, 그 음모론을 그대로 믿는 젊은층이 있습니다. 그래서 저는 젊은층에 접근할 수 있는 벽을 낮추기 위해 그들과 '같은 문법', '같은 도구'로 대응했습니다. 유튜브를 이용한 것입니다. 교과서에서 나오는 것은 한정적입니다. 이미 원본 자료와 다양한 역사 자료가 인터넷에 공개되어 있습니다. 이를 어떻게 묶어 콘텐츠로 소비할 수 있게 하느냐를 고민하는 게 관건일 것 같습니다. 지식 정보를 전하는 유튜브 채널은 생각보다 인기가 많습니다. 요즘은 텍스트가 아니라 영상으로 정보습득을 하는 경향이 강해지고 있기 때문입니다.

문정은 ○ 단적인 예로 BTS 제이홉에 의해 알려진 노래 속 가사 한 줄에 전 세계인들이 광주를 알게 되고, BTS 팬덤인 아미(ARMY)들이 광주를 찾거나 5·18의 진실을 알리는데 함께 해주기도 했습니다. 이것은 단순히 유명인에 기대는 홍보가 필요하다는 것을 넘어 그동안 역사적 진실에 대해 몰랐던 사실을 단순 주입하고 당위적으로 설명해 온 우리 교육과 환경에 대해서 원점부터 다시 고민해야 하는 숙제를 주었다고 생각합니다. MZ세대가 5·18을 알고, 관심을 갖도록 하기 위해서는 광주 오월 정신이 다양한 가치를 존중하며, 일상의 민주주의를 체감할 수 있는 실질적이고 효능감 있는 변화를 동반할 때에 시작될 수 있다고 생각합니다.

5·18민주화운동의 의미와 가치는 무엇일까요?

천하람 ○ 대한민국의 민주화 과정에서 5·18민주화운동이 가지는 의미와 가치가 전체적으로도 매우 크지만 그 중에서도 특히 '표현의 자유' 측면에 관심이 큽니다. 80년 당시 언론통제로 광주 밖에서는 민주화운동의 현실을 몰랐고 왜곡된 정보가 유통되었습니다. 광주가 물리적으로나 정서적으로 외부와 단절되고 매우 긴 시간동안 광주라는 대도시가, 그리고 수많은 광주시민들이 '거짓말쟁이' 취급을 받는 믿기 어려운 현실이 계속되었습니다. 광주민주화운동은 여러 민주화운동 중에서도 표현과 언론의 자유의 중요성을 가장 극명하게 드러내는 우리 역사의 한 장면입니다.

하헌기 ○ 현재 한국은 6공화국입니다. 87년 체제라고도 부릅니다. 이제 선진국에 진입한 한국 6공화국 체제를 떠받치는 두 기둥 중 하나가 '민주화'일 겁니다. (다른 하나는 산업화일 것입니다) 민주화라는 기둥이 없었으면 지금의 선진한국도 없었을 텐데 이 기둥을 일으켜 세운 것이 5·18이라고 생각합니다.

문정은 ○ 시민들의 깨어있는 양심이 불의의 폭력에 저항한 행동은 역사에 대한 경고인 동시에 격려이며, 폭력과 죽음에 온 몸을 던져 함께 했던 새로운 역사의 출발점이라고 생각합니다. 재단의 창립선언문에서처럼 5월은 명예가 아니고 멍에이며, 채권도 이권도 아닌 채무이고, 희생이고, 봉사라는 점에서 여전히 현재진행형이라고 생각합니다. 5월은 80년 5월 당사자들만의 것도, 특정인과 세력이 독점할 수 있는 것도 아니며, 그 누구의 것도 아닌 시민 모두의 것입니다. 광주의 오월은 지역을 넘어 전국으로 또한 미얀마, 홍콩과 연대하며 전 세계 폭력에 저항하는 시민 모두에게 내어놓을 수 있는 인류 보편의 변치 않는 숭고한 정신이며, 그것이 바로 광주 오월 정신이 가장 빛나는 지점입니다.

**5·18민주화운동의
왜곡과 폄훼를
근절시킬 수 있을까요?**

천하람 ◦ 음모론을 근절시키는 것은 매우 어려운 일이지만, 5·18민주화운동을 왜곡하고 폄훼하는 세력은 이미 우리 사회에서 고립되었다고 생각합니다. 5·18이 민주화운동이라는 점에 이견이 거의 없는 우리 세대에서는 음모론은 더욱 자리 잡기 어려울 것입니다. 정치적 영역에서는 5·18 민주화운동이 정치적 진영을 초월하는 것이 필요하다고 생각합니다. 국민의 절반은 국민의힘 또는 민주당을 좋지 않게 봅니다. 5·18민주화운동이 민주당의 전유물이라는 인식을 갖는 순간 스스로 진영논리의 한계에 갇히게 되는 것입니다. 물론 국민의힘이 더욱 노력해야 하는 부분이라고 생각합니다.

하헌기 ◦ 담론 시장에서 이겨야 합니다. 저는 SNS와 유튜브 등을 많이 이용했습니다. 지난 대선에서는 온라인 등에서 5·18을 폄훼하던 사람이 대선 캠프에서 활동하기도 했습니다. 많은 사람들이 그 문제를 지적하자 '유공자 이름을 하나하나 적어 현판에 걸면 되는 일인데 왜 숨기느냐'는 식으로 나오기에, 유공자 명단은 이미 '5·18공원에 비석으로 새겨져있다'고 했더니 반론을 하지 못했습니다. 이런 사실 자체를 모르니 선동에 속는 것입니다. 치열하게 토론하고 다투는 과정을 통해 담론 시장에서 이겨야 합니다. 기성 언론이나 뉴미디어 채널을 가리지 않고 정확한 정보를 확산시켜서 왜곡과 폄훼가 결국에는 주변화되게 만들어야 할 것 같습니다.

문정은 ◦ 안타깝게도 우리 역사는 제대로 된 심판이 미흡했습니다. 진실규명의 출발이자 종착은 무엇보다 폭력에 대한 엄중한 처벌로부터 시작된다고 생각합니다. 1990년 노태우 정권에서 민자당 단독으로 처리한 '광주보상법'이 철저한 진상규명과 가해자 사과 없이 보상 위주의 급속한 화해 조치로 갈무리 되면서 피해자는 있지만, 가해자는 없는 불명예스러운 역사를 만들고야 말았습니다. 늦었다고 생각할 때라도 가해자에 대한 철저한 기록부터가 해결의 출발점이라고 생각합니다. 5·18에 대한 새로운 증언은 그동안 5·18의 왜곡과 폄훼의 핵심적 문제였던 가해자를 정확히 지목함으로써 5·18의 왜곡과 폄훼의 문제를 해결하는데 결정적인 계기가 될 것입니다. 또 한편으로는 최근 제정된 이른바 '5.18 왜곡 처벌법' 등의 실효성도 꼼꼼히 살펴봐야겠습니다.

광주도 변화하려는   천하람 ◦ 특별히 광주 내부의 변화가 필요
노력이 필요하겠죠?   하다고 생각하지는 않지만, 굳이 답변하자면 5·18민주화운동을 특정 정치 진영의 전유물로 삼으려드는 시도는 비판해주시면 좋겠습니다. 이런 행태는 5·18정신의 확산을 방해하는 일이라고 생각합니다.

하헌기 ◦ 어려운 이야기입니다. 광주정신이 제대로 평가받고 계승하는 것은 한국 전체의 과제이고 문제입니다. 광주 내부에서 무엇

이 변해야 한다고 요구하는 것은 부당하고 불공정한 태도라고 생각합니다. 따라서 솔직히 개인적으론 광주 내부에서 무엇이 바뀌어야하는지 그 선결조건이 무엇인지에 대해서 떠올리기 힘듭니다. 그 문제에 관해서는 정치권에서, 그리고 공론의 장에서 더 열심히 해야 할 일입니다.

문정은 ○ 광주 오월 정신을 계승하고 발전시키기 위해서 5·18 당사자를 넘어 오월 이후 세대의 적극적 역할을 대폭 지원해야 합니다. 주요한 의사결정 단계에서부터 참여할 수 있도록 과감히 지역 사회에 개방해 다양한 세대와 계층, 소수자들과 함께해야 합니다. 사실상의 독점 정치 체제에도 균열이 필요합니다. 다당제 민주주의를 통해 경쟁하는 체제를 만들어 다양한 시민의 목소리가 반영되는 정치를 만들어야 합니다. 광주 독점 정치세력이 육참골단의 자세로 기득권을 내려놓는 것에서부터 변화는 시작될 수 있다고 생각합니다.

청년정치인으로서 전하고 싶은 말이 있나요?

천하람 ○ 5·18민주화운동이라는 거대한 역사적 사실은 실은 한 사람 한 사람의 결단으로 이뤄져 있다고 생각합니다. 그리고 그 결단을 내려야했던 주체 중에 지금의 저보다도 훨씬 젊은 분들이 적지 않았다는 점이 무겁게 다가옵니다. 저도 결단을 해야 하는 순간에 조금이나마 우리 사회와 역사에 도움이 되는 결단을 하고 싶고 그렇게 해야겠다는 생각을 합니다.

하헌기 ◦ 5·18을 폄훼하는 정치인들의 존재나 유튜브 상에서 확산되는 5·18 희생자와 유공자들에 대한 모욕을 지켜보면서 분노했습니다. 아직 매듭 되지 못한 일들이 많이 있습니다만 대한민국 정치인으로서 대한민국 전체의 과제이자 역사인 오월 광주를 위해 꾸준히 노력하겠습니다.

문정은 ◦ 대한민국 민주주의 발전에 지대한 역할을 한 5·18은 이제 아시아 민주화 운동과 전 세계 민주주의의 모범이 되고 있다고 생각합니다. 44년이 흘러도 여전히 왜곡과 혐오로 끊임없이 고통받는 광주시민의 아픔을 가슴 깊이 새기고, 2030년 5·18이 50년 되는 해에 우리는 어떤 광주를 마주하게 될까? 생각해 봅니다. 1980년 5월 그 밤 도청을 지킨 젊은 청춘들과 의로운 시민들이 만들고자 했던 광주는 어떤 모습이었을까요? 숭고한 죽음으로 꽃 피운 민주주의를 극심해지는 불평등과 차별을 넘어 모두가 평등하게 인간의 존엄을 누릴 수 있는 저항과 연대의 도시로 만들어가는 데 저의 소명을 다해나가겠습니다.

역사의
흔적을
기록하다

박은주
TBS PD

무슨 일이든지 존경할 만한 사람들과 해야 후회가 없다. 일이든 연애든 결혼이든 마찬가지다. 물론 그런 사람을 만난다는 게 쉽지 않지만 그래도 가끔 우연처럼 그런 사람을 만난다면 나의 인연으로 만들고 싶다. 박은주 PD가 그런 사람이다. "PD는 사람을 아껴야 합니다." 어려운 시기에 TBS TV제작본부장이 된 박은주PD는 앳된 얼굴만큼이나 반짝이는 눈빛으로 '사람'의 소중함을 강조한다. 어쩌면 당연한 명제처럼 들리는 말이지만 총성없는 전쟁터를 방불케하는 방송계 현실에서 이런 사람을 찾기는 사막에서 바늘 찾기처럼 어렵다. 그래서 더 반갑고 귀한 인연이다. 수많은 프로그램이 만들어지고 사라지기를 무한반복하는 방송계에서 가장 중요한 것은 사람에 대한 관심과 끊임없는 질문이라고 말하는 박은주 PD. '질문을 한다'는 것은 상대뿐 아니라 스스로를 이해하려는 노력의 산물이라고 말한다. 서울을 주무대로 활동하던 그가 광주와 인연이 닿은 것은 2년 전의 일이다. 5·18기념재단의 '5·18방송 콘텐츠 제작사업' 공모 당선작으로 선정돼 <오일팔 증명사진관>을 제작했다. 1980년 5월 광주의 모습을 사진으로 기록한 나경택 사진기자(전 전남매일신문)와 정태원 사진기자(전 UPI통신·로이터통신)가 역사의 현장을 다시 찾는 다큐멘터리로 세계에서 가장 오래된 독립영화제인 미국 휴스턴국제영화제에서 은상을 수상했다. 오랫동안 그들만의 리그였던 5·18의 자산을, 젊고 새로운 타자의 시선으로 바라 본

수작이었다. 그리고 올해, TBS에서 제작한 <마흔세 살, 오일팔>(43 years later: Again in Gwangju·2023)이 제57회 휴스턴 국제영화제에서 지난해에 이어 '역사필름&비디오' 부문 금상을 수상했다. 다큐멘터리 <마흔세 살 오일팔>은 5·18민주화운동 43주년을 기념해 제작한 다큐멘터리로 1980년대 광주에서 태어난, 5·18민주화운동 당사자들의 자녀들이 어떤 기억을 갖고 살아가고 있는지에 대한 이야기를 담고 있다. 작품 속 80년대생 뮤지션들과 연극배우들은 1935년에 세워진 광주극장 무대에 모여, 1980년 5월 18일 광주의 이야기와 그날의 아픔과 상처를 자신만의 방식으로 풀어내 현재를 살아가는 사람들의 공감을 다루는 무대를 완성했다. 2년 연속 5·18민주화운동의 역사를 조명하고 그 가치에 대해 함께 공감한 것이 빛을 발한 것이다.

혹자는 지금이 야만의 시대라고 한다. 상식과 논리가 사라진 곳에 극과 극의 대립이 난무한다. 하지만 천년을 이어 온 어둠도 한 자락의 빛이 들어오는 순간 설 자리를 잃는다. 화려했던 꽃도 열흘이면 지고, 영원할 것 같은 권력도 끝이 있다. 방송을 사랑하고 방송을 가장 잘 만드는 그의 분투가 끝내 승리하기를 바란다. 야만의 시대에도 꺾이지 않는 단단한 마음. 사람 아낄 줄 아는 박은주PD를 만나보자.

북미 3대 영화제
'휴스턴국제영화제'에서
2년 연속 수상한
소감은?

가뭄 속 단비 같은 소식이었습니다. 재작년부터 TBS(서울시미디어재단)가 고난의 행군을 걷고 있으니까요. 2022년도에 제작한 5·18특집다큐멘터리 <오일팔 증명사진관>에 이어 2023년도에 제작한 <마흔 세 살, 오일팔>은 TBS가 폐국의 위기에 놓여 있는 과정에서 어렵게 제작을 마무리한 작품이기에 더 의미가 있었습니다. 개인적으로, 촬영을 마치고 편집을 들어가야 하는 시기였는데, 갑작스럽게 TV제작본부장 역할을 맡게 되면서 <오일팔 증명사진관>보다 제작과정과 마무리에서 아쉬움이 많이 남았었거든요. 그런데 휴스턴국제영화제에서 5·18역사를 담아낸 다큐에 2년 연속으로 응답해준 것이지요. 수상 소식을 받자마자 영화제측에 감사의 메일을 보냈습니다. 오히려 국내에서는 5·18광주 이야기가 매년 반복되는 숙제 같은 주제여서 프로그램을 제작하는 입장이나 콘텐츠를 시청하는 입장에서도 더 이상 새로울 게 없다는 선입견에 쌓여 있거든요. 그래서 새로운 시선과 장치가 절실했던 작업이었습니다. 특히 <마흔세 살, 오일팔>은 지금까지 신개념 극장다큐라는 실험적 장치를 통해 5·18역사를 담아냈기에 이번 수상의 의미는 더 크게 다가왔습니다. 새로운 시도에 대한 지지를 받은 느낌이라고 할까요.

5·18민주화운동의 역사는 언론인이라면 마음 깊이 간직한 책임 또는 부채와 같습니다. 역사교과를 배웠던 중·고등학교 시절보다 PD가 되겠다고 마음을 먹었던 대학교 시절부터 관심을 기울였습니다. 하지만 실체 없는 노력처럼 수년을 사건의 겉핥기에 그쳤던 것 같습니다. 역사적 진실을 제대로 들여다보는 태도를 가진 건 불과 10여 년 전이었어요. TBS에 입사해 <TV책방 북소리>라는 책 프로그램을 3년 넘게 연출하면서 5·18실체를 더 온전히 마주할 수 있었습니다. 그때 증언자의 기록과 함께 역사적 진실을 각자의 방식으로 기록, 해석한 수많은 작가들의 노력을 책으로, 그들의 입으로 직접 접할 수 있었습니다. 프로그램이 스스로 진화하듯 저 또한 교양·다큐PD로서 많이 성장했던 시간이었습니다.

'1980년 5·18민주화운동은 결코 먼지 쌓인 이야기가 아니구나, 40년이 훌쩍 지난 오늘도 여전히 존재하는 우리의 역사구나' 처음 광주를 찾았을 때 마주한 생각이었습니다. 말도 안 되게 큰 슬픈 역사를 겪어낸 광주 사람들에게는 직·간접적인 각자의 이야기가 있었어요. 그저 드러나지 않게 가슴 깊이 파묻고 살아갈 뿐이라는 느낌이 들었습니다.

<정준희의 해시태그>라는 언론비평 프로그램을 제작했던

2011년 이른 봄날, 5.18특집 촬영차 처음 광주를 찾았습니다. 광주송정역에 내려, 스태프들과 고픈 배를 채우러 허름한 식당에 들어갔어요. 주인 어르신께서 카메라를 손에든 우리를 보시곤, "또 5월이 오는 가 보네, 5·18 찍으러 왔는갑소"라고 말을 건네시더라고요. 그걸 들은 옆 손님이 맞장구치시며 80년 그날의 이야기를 띄엄띄엄 풀어내셨지요. 그분의 마지막 한마디가 마음에 꽂혔습니다. "5·18 얘기 계속하면 뭐해, 맨날 똑같은 얘기만 하는데..." 그때 문뜩 혼자 출사표를 내던졌던 것 같아요. 곧 그날의 이야기를 담아보겠노라고요.

서울과 수도권의 젊은 시청자들의 반응이 궁금해요.

요즘 미디어가 역사를 담아낼 때, 자극적인 사건을 중심으로 풀어낼 때가 많습니다. 저 또한 연출자로서 프로그램을 고민할 때 시청자들의 흥미를 높이기 위해 많이 활용하는 방법이기도 하고요. 그러다보니 역사적 맥락을 세밀하게 엮어가는 힘이 매우 부족합니다. 예를 들어, '80년에 5·18민주화운동이 왜 광주에서 일어날 수밖에 없었는지?' '우리나라 민주화운동의 역사에서 70년대 여성노동운동의 역사는 왜 제대로 조명 받지 못했는지?'와 같은 질문에 머뭇거릴 때가 많으니까요. 그런 차원에서 <오일팔 증명사진관>을 보고 '1980년 5·18역사, 그 10일간의 항쟁에 대해 시간 순, 사건 순으로 이해할 수 있었다'는 평이 가장 많았습니다. 당시 시청자평에 중·고등학교 역사교사들이 교육용 자료로 꼭 활용하겠다고 말해 주셔서 좋았습니다. 그리고 5·18 기록 사진 기자하면 독일의 '위르겐 힌츠페터' 기자를 떠올렸는데 큰 오산이 었다고, 대한민국 국민이면 누구나 알고 있는 5·18 역사를 대표하는 '곤봉에 맞는 청년' 사진을 찍은 사람이 국내 기자였다는 걸 처음 알았다는 시청자들이 많았습니다. 특히 '그 사진을 찍은 나경택 기자님이 아직 살아계시다는 것이 놀라웠다'는 중학생의 한마디가 가장 기억에 남습니다. '어떻게 그런 사진을 찍고도 지금까지 살아남을 수 있었냐'고요.

<마흔세 살 오일팔>에 대한 평가는 전작과는 달랐습니다. 서사보다는 이를 겪어낸 사람들의 이야기에 초점을 맞췄으니까요. 특히 80년에 태어난 5·18둥이들의 증언을 통해 당시 광주시민들이 겪어야 했던, 그리고 견디며 살아내야 했던 이야기를 옴니버스 형식으로 묶은 구성은 80년대 생 시청자들에게 더 큰 울림으로 전달됐던 것 같습니다. 동시대에 태어나 광주가 아닌 다른 지역에서 살아온 그들의 눈에 5·18둥이들의 삶은 더 애처롭게 느껴졌기 때문일 거라 생각합니다.

원래
PD가 꿈이었나요?

대학교 시절, 고민에 빠져서 일주일 동안 집밖에 한발자국도 안 나간 적이 있었어요. '나는 왜 공부를 해야 하는가?' 방학이었는데, 라디오를 듣다가 문득 왜 공부를 해야 하는 지 스스로에게 질문을 던져 본거죠. '사회에 나가 밥벌이를 하기 위해서?', '그럼 어떤 일을 해야, 사회에서 쓸모 있는 사람이 될 수 있지?', '최대한 내가 하고 싶은 것과 잘할 수 있는 것의 교집합을 키워보자'... 이렇게 꼬리에 꼬리를 물고 해답을 찾은 끝에 나온 답이 PD였습니다. 평소 사람에 대한 호기심이 많았어요. 사회에 대한 관심도 남달랐죠. 나라가, 사회가, 내 일상이 왜 이렇게 돌아갈 수밖에 없는지에 대한 궁금증을 계속 품고 살았던 것 같습니다. 특히 소위 방송 바닥에서 버텨낼 체격과 체력 또한 자신있었고요. 지금 생각하면 나름 '성찰의 시간'을 가지며 인생의 로드맵을 그렸던 것 같아요. 스스로 자문자답하며 결론을 낸거죠. 당시 저를 지켜보던 가족들의 반응은 상상에 맡기겠습니다.(하하하) 비교적 남들보다 진로를 일찍 잡았던 게 'PD로서 삶'에 큰 자양분이 되었습니다.

'사람을 아낀다'는 어떤 의미인가요?

"PD는 사람을 아껴야 한다" 방송 일을 시작하면서 머릿속에 스스로 새겼던 문장입니다. 특히 '평범한 사람'을 아끼자고요. '한 사회를 지탱하는 것은 평범한 사람들'이라는 말이 있잖아요. 같은 맥락으로 '한 사람을 지탱하는 것은 평범한 일상'이라고 생각해요. '한 사람의 일상이 흔들리게 되면 한 사회는 무너지고 만다'는 이야기지요. 그렇기 때문에 평범한 사람들의 삶의 유지가 그만큼 역사적으로 중요하다고 믿고 있습니다. 최근에 '나는 왜 공부를 계속 해야 할까?' 라는 질문을 다시 꺼내본 적이 있어요. 대학시절과는 전혀 다른 답을 떠올렸지요. '더 많은 사람들을 이해하기 위해서!'라고요. 이래서 경험의 축적이 무서운가 봅니다. 돌이켜보면, PD가 되고 어떤 프로그램을 만들어야 하는지에 대한 가장 현명한 해답은 언제나 '평범한 사람'에게서 찾았거든요. 지금까지의 경험을 비춰볼 때, 적어도 아직까지는 옳은 길인 것 같습니다.

앞으로 어떤 프로그램을 만들고 싶나요?

영상 자본의 흐름이 OTT와 디지털 플랫폼으로 넘어갔기에 공적 역할을 담당하고 있는 공영방송사의 책무가 더 중요하다고 생각합니다. 거대자본이 투입되는 드라마나 예능 장르에만 치우친 영상 콘텐츠 제작에 소외되고 있는 교양, 다큐 장르는 공영방송이 책임지고 감당하며 발전시켜야 할 과제라고 생각합니다. 그러기 위해서는 협찬과 제작지원금에 의존하지 않는 기본제작비에 대한 일정비율의 공적재원 투입이 꼭 필요합니다. 여기에 교양, 다큐 분야 제작진들의 다양한 장르파괴와 새로운 시도는 필수적일 것입니다. 저 또한 교양·다큐 PD로서 여러 형태를 접목한 기획안을 쓰고, 제안하기를 반복하고 있습니다. 특히 OTT 자본을 유입할 수 있는 예교(예능x교양) 장르 기획에 주력하고 있습니다. 최근 합숙 예능 장치를 통해 현재 사회 문제의 주 부류인 시민들의 리얼한 삶과 시선을 직접적으로 담아낼 수 있는 프로그램을 기획하고 있습니다. 예를 들어, 각계각층 임산부들(미혼모, 워킹맘, 다문화가족 등)의 산전 합숙을 통해 출산 전에 겪어야 하는 정신적, 육체적 상처를 치유해가는 과정을 담아내는 리얼예교 프로그램이 있습니다. 이러한 콘텐츠를 통해 저출생 문제를 해결할 수 있는 작은 단서라도 찾아낼 수 있지 않을까요.

책 <역세권>을 집필했는데 역사에 대한 관심이 남다른 것 같아요

'책을 만든 사람보다 책이 만든 사람이 더 많다'는 말이 있습니다. 영상콘텐츠로 담아냈던 이야기를 책으로 다시 한 번 정갈하게 묶어낸 이유입니다. <역사를 품은 역 : 역세권>은 제가 제작했던 프로그램이 기초가 되어 완성한 결과물입니다. 2012년 TBS 입사 후, 다양한 프로그램을 론칭, 제작해 왔습니다. 교양 다큐 프로그램이 주 장르였는데요. 건축다큐 <공간사람>, 역사스테이 <흔적>, 5분다큐 <사람>, 5.18특집 다큐 등 우리나라 근현대사와 역사 공간을 기반으로 주제를 잡고 이야기를 풀어나갈 때가 많았습니다. 그런 제작과정이 켜켜이 쌓여 역사에세이 한 권이 나올 수 있었습니다.

<역세권>은 어려운 역사서가 아닙니다. 역사를 애정하고 사람에 관심 많은 서울 변방 방송사의 한 PD의 소소한 기록이라 봐주시면 좋겠습니다. 건축과 책, 교육과 역사 프로그램을 제작하면서

직접 취재하고 만났던 사람들과 공간의 이야기를 담았습니다. 서울과 수도권 지하철 근처에 자리 잡은 역사가 깃든 공간을 찾아 숨은 이야기를 기록하고, 증언자와 전문가들의 인터뷰를 더했습니다. 주말에 자녀들과 함께 지하철역 역사탐방에 유용하다고 말해주는 독자분들이 많았습니다. 콘텐츠의 기획의도가 딱 맞아 떨어졌을 때의 행복은 언제나 달콤한 것 같습니다.

TBS 방송사가 위기에 처해 있는데요? 재작년부터 TBS가 고난의 행군을 걷고 있습니다. 2022년 6월 지방선거 이후, 국민의 힘이 다수 석(112석 중 76석)을 차지한 이후 시의회에서 TBS에 대한 시의 예산지원 근거인 'TBS설립 및 운영에 관한 조례'를 폐지하는 조례안을 제1호 법안으로 가결했어요. 당장 서울시 예산지원이 끊기게 되면 공영방송사 TBS(라디오 1990년 개국, TV 2005년 개국)는 폐국를 향해 치닫을 수 밖에 없습니다. 현재 남은 256명의 TBS 직원들은 생계의 불안에 떨면서 1년이 넘는 시간을 혼란 속에서 버텨내고 있습니다.

자신의 자리에서 묵묵하게 공적 역할을 해내온 직원들에게 참으로 가혹한 시간입니다. 특히 일정 제작비가 담보돼야 제작에 들어갈 수 있는 TV프로그램 같은 경우, 제작PD들이 직접 제작비를 벌기위해 협찬 영업에 나서고 있습니다. 하지만 시와 자치구 같은 공공기관들 조차도 곧 폐국 위기에 놓인 방송사에 예산을 책정하는 것을 부담스러워합니다. 공공기관도 이런데 민간기업의 협찬은 바랄 수도 없습니다. 이런 상황이 1년을 넘기니 직원들의 불안감과 피로도는 극에 치닫는 상태입니다. 콘텐츠를 생산해내야 하는 방송사가 콘텐츠 제작이 막히는 악순환이 계속되고 있는 셈입니다. 현재 시와 함께 폐국을 막을 다양한 시나리오를 놓고 비상대책을 세우고 있습니다. 직원들의 고통이 수반 돼야 하는 것들도 있기에 고심의 고심을 더하고 있습니다.

독자들에게 전하고 싶은 말이 있나요?

우리가 역사를 바라볼 때 가장 잘못된 습관이 있습니다. 그 사건이 일어난 지역에 매몰된다는 것과 슬픈 역사적 사건일수록, 떠올리기 불편한 사건일수록 외면하려고 합니다. 5·18민주화운동은 여기에 가장 부합하는 역사이지요. 그래서 1980년 5·18의 역사는 계승, 진화하지 못하고 정체되어 있는 것처럼 비춰지는 것 같습니다. 하지만 5·18의 역사는 매년 끊임없이 새로운 누군가에 의해 다뤄지고 계승되어야 할 대한민국 민주화운동사에서 빠질 수 없는 중요한 역사적 사건입니다. 현재 제가 횟수로 13년째 몸담고 있는 TBS도 '어쩌면 44년 전의 그 아픈 역사의 연장선에서 똑같은 상처를 반복하고 있는 건 아닐까'하는 의구심이 듭니다. 폐국의 위기 속에서 고군분투하는 공영방송사 TBS에 많은 관심과 격려 부탁드립니다.

박은주

TBS PD이자 <역사를 품은 역 : 역세권> 저자. 호(號)는 아혜(峨慧)다. 높은 봉우리 '아', 슬기로울 '혜'. 가을이 깊어져 나뭇잎이 떨어져야 봉우리는 참모습을 드러낸다. 연출 프로그램으로는 <역사스테이 흔적>, <오일팔 증명사진관>, <마흔 세 살 오일팔>, <정준희의 해시태그>, <TV책방 북소리>, <만권의 북살롱>, <공간사람>, <5분 다큐 사람>, 등이 있으며 제56회 휴스턴국제영화제 '장편 다큐멘터리' 부문 은상, 제57회 휴스턴국제영화제 '역사필름&비디오' 부문에서 금상을 수상했다. 지은 책으로는 <역세권:역사를 품은 역>, <언론술사>가 있다.

이상하고
아름다운
세균의
세계

곽재식
숭실사이버대학교 환경안전공학과 교수

요즘은 계절과 상관없이 심심치않게 식중독 사고 뉴스가 들려온다. 평소에 손을 잘 씻고 음식은 되도록 익혀 먹어야 한다는 당부도 잊지 않는다. 심한 구토와 배앓이로 우리를 괴롭히는 식중독의 주요 원인은 세균 때문이다. 눈에 보이지 않은 작은 존재가 사람의 몸을 좌지우지할 정도로 어머어마한 영향력을 미치고 있는 것이다. 프랑스 의사인 가브리엘 페를뮈테르가 쓴 <왜 아무 이유없이 우울할까?>에 따르면 우리가 불안하고 우울한 이유도 세균때문이라고 말한다. 우리 몸속에 사는 장내세균의 활동으로 인해 감정과 행동의 일부가 결정된다는 것이다. 어떻게 눈에 보이지 않는 세균들이 우리의 몸과 마음을 조종한다는 걸까.

사람들이 세균의 존재를 확실히 알게 된 것은 고작 3백여 년밖에 되지 않는다. 지구가 생긴 것이 46억 년 전이니, 인류보다 앞서 세균의 역사가 시작된 것이다. 한동안 세균은 전염병을 일으키고 음식을 상하게 하는 것으로 사람들 사이에서 악명을 떨쳐왔다. 발효 음식이 몸에 좋다는 사실이 알려지면서 소위 좋은 세균들의 존재도 밝혀졌다. 세균은 하나의 생명체처럼 태어나서 병이 들고 그렇게 소멸되기도 하며 어떨 때는 생존을 위해 몸을 숨기고 변신술을 부리기도 한다. 그야말로 좋은 균, 나쁜 균, 이상한 균의 총집합인 것이다. 알면 알수록 알쏭달쏭한 세균의 세계는 그야말로 호기심 천국이다.

보이지 않는 강한 존재가 항상 우리와 함께하고, 신비롭게 우리를 도와주기도 하며 가끔 벌도 준다는 이야기는 예로부터 사람들 사이에서 인기가 많았다. 그런 면에서 세균은 훌륭한 이야기 소재이다. 자타공인 한국 괴물 전문 작가로 손꼽히는 곽재식 교수는 과학과 상상력을 결합한 스토리텔링에 탁월하다. 환경안전공학과 교수이자 작가로 활동하는 그에게 한국 괴물이 그랬던 것처럼 세균 또한 연구 대상으로 만나 영감의 대상이 된 뮤즈이다. 이상하고 아름다운 세균의 세계를 곽재식 교수의 이야기로 만나보자.

한국 괴물 전문 작가로
유명한데 세균 분야까지
섭렵하신 건가요?

제가 괴물만큼 애정을 갖고 있는 것이 세
균입니다. 저를 베스트셀러 작가로 많이들
알고 계시지만 본업은 공학박사이자 대학
에서 환경공학을 강의하는 교수입니다. 환경공학을 하다 보면 필
연적으로 마주치는 것이 세균인데요. 세균들이 어떻게 살고 있느
냐에 따라 우리 환경이 얼마나 오염되어 있고 건강한 상태인지 살
펴볼 수 있기 때문입니다. 예를 들어 어떤 새로운 제품의 유해성
이나 공장 폐수의 위험성을 실험할 때 사람에게 직접 실험해 볼
수 없잖아요. 보통 실험용 쥐나 작은 물고기들을 이용하는데 가장
많이 쓰이는 것이 에임스 검사(Ames test)라고 해서 세균을 이용하는
실험입니다. 실험할 때는 개체가 많아야 편리한데 세균 10억 마리
는 금방 기를 수 있지만 생쥐 10억 마리는 힘들거든요. 세균을 대
량으로 키워서 유해 여부를 실험하는데 하면 할수록 세균의 세계
가 정말 신비롭고 놀라운 게 많았습니다.

세균에게
반하신 건가요?

세균은 우리 곁에서 아주 가까이 머무는
생물이지만 손 한 번만 씻어도 물에 씻겨
내려가는 허약한 존재입니다. 하지만 한편으로는 지구 환경이 전
혀 달랐던 수십억 년 전부터 지금에 이르기까지 어마어마하게 긴
세월 동안 곳곳을 마음껏 누비며 살아온 생물이기도 합니다. 세균
은 사람처럼 생명을 갖고 자신의 삶을 살아가는 생명체라는 공통

점이 있습니다. 그 때문에 살아있다는 것, 삶이라는 것을 이해하기 위해서 많은 사람들이 세균을 탐구해 왔습니다. 수많은 세균에 대한 온갖 이야기들을 접하고 연구하다 보니 세균의 세계에 빠질 수밖에 없었습니다.

우리 주변에
세균이 그렇게 많나요?

여러분의 두 손을 펼쳐보세요. 그곳에 엄청난 세균의 세계가 펼쳐져 있습니다. 사람마다 좀 다르겠지만 평균적으로 사람 뱃속에 있는 세균을 다 모아서 뭉쳐보면 대강 주먹 크기의 절반이나 1/3정도 된다고 합니다. 개수로 따지면 몇억 마리 수준은 가볍게 넘죠. 다행스럽게도 우리 몸에서 함께 사는 세균은 해를 끼치지 않고 오히려 도움을 주는 경우가 많습니다. 물론 아무 상관없이 그냥 살기 좋아서 눌러 사는 세균도 있습니다. 대표적인 유익균은 유산균으로 천만 마리가 한꺼번에 들어와도 아무 탈이 나지 않지만 살모넬라균이나 황색포도상구균 같은 식중독을 일으키는 세균이 들어오면 우리 몸이 즉각 이들을 죽이는 면역체계를 가동합니다. 우리 몸 밖에도 온통 세균 천지입니다. 한마디로 세상 모든 곳에 세균이 있다고 보면 됩니다. 우리가 만지는 일상용품부터 음식과 빗물, 심지어 하늘을 날아다니는 미세먼지에도 세균이 붙어있습니다. 땅에 있는 흙을 한 숟갈 뜨면 그 안에 세균이 최소 100억 마리 이상이 있다고 생각하면 됩니다.

세균의 존재감은
몸이 아플 때
많이 느끼는 것 같아요.

세균은 우리에게 보이지 않는 구석구석에서 존재감을 보여주고 있습니다. 예를 들어 해가 뉘엿뉘엿 지기 시작할 때쯤 비가 조금씩 내리는 장면을 상상해 봅시다. 비가 오면 흙이 젖으면서 독특한 냄새가 나는데 그 냄새는 지오스민(Geosmin)이라는 물질의 냄새입니다. 이 물질은 흙 속에 널리 퍼져 사는 스트렙토미세스(Streptomyces)속 등의 세균들이 만들어내는 것입니다. 빗방울이 떨어지면 지오스민이 물방울에 스며 날리면서 흙바닥이 젖는 냄새가 퍼집니다. 그 때 사람들이 냄새를 맡게 되는데 아주 작은 양임에도 불구하고 사람의 후각이 지오스민 물질을 감지하는 데 유독 발달됐기 때문에 맡을 수 있습니다. 어떤 학자들은 아프리카에 살던 우리의 먼 조상들이 물을 귀하게 여겨서 비를 간절히 기다렸기 때문에 우리가 그 냄새를 유독 잘 맡을 수 있도록 진화한 것이라고 이야기하기도 합니다. 혹독한 아프리카 땅에서 생존하기 위한 인류만의 필살기인 셈입니다. 비가 올 때마다 세상에 가득한 작은 생명들이 우리에게 비가 온다고, 너희 사람들에게 소중한 물이 하늘에서 내려오고 있다고 알려주는 것만 같습니다.

세균은 언제
생겨났나요?

고려시대, 신라시대만 해도 무척 옛날이니 풍경이 지금과 다를 겁니다. 고속도로도 없고 고층 건물도 없겠지만 자연 환경은 지금과 비슷할 것으로 짐작할 수 있습니다. 하지만 수십억 년 전은 전혀 다른 상황이겠죠. 사방을 둘러보아도 지금과 같은 나무 한 그루, 풀 한포기가 보이지 않을 것입니다. 그렇지만 그런 세상에도 생명은 곳곳에 퍼져 있었을 것입니다. 당시의 생명체는 대체로 아주아주 작은 크기였습니다. 너무 작아서 눈에 보이지 않을 정도로 몇백 마리, 몇천 마리를 줄줄이 늘어놓아야 고작 1밀리미터가 될까 말까 할 정도로 작은 생물들입니다. 그중에서도 가장 널리 퍼져있었고 꿋꿋이 자리잡고 있었던 것이 바로 세균입니다. 우리가 흔히 세균이라고 부르는 생물은 보통 박테리아 부류의 생물을 말합니다. 생물이라고 부르는 것들 중에서 가장 작고, 가장 단순한 축에 속하는 것들입니다. 2017년 캐나다의 누부악잇턱에서 돌 속에 남아있는 세균의 미세한 흔적을 발견했다는 연구 결과가 나왔는데 이 연구에 따르면 세균은 38억 년 전에도 지구에 살고 있었다고 합니다. 연대는 최대 43억 년까지 올라갈 가능성이 높습니다.

그렇다면 세균이 인류의 조상일까요? 세균이 지구에 인류의 조상이 등장하게 만든 일등 공신인 것은 확실합니다. 우리가 숨을 쉴 때 산소를 들이마신다고 생각하는데 사실 공기 중에 산소는 약 20%정도만 있고 나머지 80%는 대부분 질소입니다. 20%의 산소 덕분에 우리가 살 수 있는 거죠. 그런데 지구가 처음 생겼을 때부터 산소가 있었을까요. 태양계 행성들을 보면 수성이

나 화성, 목성, 토성까지 산소 기체가 없습니다. 오직 지구에만 산소 기체가 이렇게 많이 있는 겁니다. 그렇다고 46억 년 전에 지구가 생길 때부터 산소가 있었던 건 아닙니다. 지구도 처음 생겼을 때는 이산화탄소 덩어리였는데 남세균이라고 불리는 시아노박테리아 덕분에 산소가 감도는 푸른 별이 될 수 있었습니다. 남세균은 광합성을 일으킬 줄 아는 세균이었는데 수십억 년 전 지구 바다에 쫙 퍼진 겁니다. 그 시대에 누구에게 잡아먹히기를 하나, 천적이 없는 세상에서 수억 년에 걸쳐 무한 번식을 하면서 이산화탄소를 빨아들이고 산소를 내뿜는 광합성 작용을 무한반복한 거죠. 남세균이 열일을 한 덕분에 지구 대기에 산소 기체가 풍부해졌고 산소를 호흡하면서 살 수 있는 동물들과 인류가 탄생할 수 있는 조건을 만든 것입니다.

세균이 오랫동안 살아남은 비결이 뭘까요?　　세균을 대표하는 특징 중에 하나가 은거 기술입니다. 세균은 곧 죽을 것처럼 상황이 안 좋아지면 아무것도 하지 않습니다. 이렇게 말하면 아무 대책없이 자포자기하는 것 같지만 아무것도 하지 않는 것도 어떤 경지에 이를 정도로 해낼 수 있다면 놀라운 묘수가 됩니다. 사람이 아무것도 하지 않고 버틸 수 있는 시간은 길어봐야 열몇 시간에서 수십 시간 정도입니다. 굶는 것은 좀 더 참을 수 있다 하더라도 물은 꼭 마셔야 합니다. 개구리는 땅 속으로 들어가 날이 풀릴 때까지 한참을 머무는데 그것도 한 계절을 버티는 정도입니다. 그런데 세균은 그보다 훨씬 더 오랜 시간을 버틸 수 있습니다. 몇몇 종류는 아예 아무것도 하지 않고 가만히 있기 위해 모습을 바꾸기도 합니다. 대표적인 방식은 꽁꽁 감싼 모양으로 변신하는 것입니다. 세균이 그렇게 변신하면 모습이 버섯 따위의 씨앗 역할을 하는 포자와 비슷하기 때문에 보통 그것을 내생포자라고 부릅니다.

내생포자로 변신한 세균들은 먹지도 마시지도 자라지도 않고 긴긴 시간을 버틸 수 있습니다. 그렇게 버티면서 오랜 시간을 가만히 있다가 다시 살 만한 시기가 오면 그 때 다시 원래의 모습으로 돌아가 활동을 시작합니다. 예를 들어 파상풍균은 내생포자로 변신해서 족히 40년은 버틸 수 있습니다. 사람과 비교하면 어마어마해 보이지만 내생포자로 변신하는 세균들 중에서 그 정도는 그다지 긴 편도 아닙니다. 심지어 숨어서 힘을 키우는 은둔 고수처럼 내생포자 상태일 때 더 튼튼하고 강해집니다. 사람도 위기에 처했을 때 세균처럼 내생포자 기술을 쓸 수 있다면 얼마나 좋을까 부러운 생각이 들기도 합니다.

식중독도
세균이 주범인 거죠?

식중독은 포도상구균 가운데 황색포도상구균에 의해 감염되는 질환입니다. 황색포도상구균이 음식에 들어가서 새끼를 치고 번성할 때 그 속에서 사람이 먹으면 배탈이 나는 물질을 뿜고 다닙니다. 포도상구균의 특성 상 황색포도상구균도 사람 피부에 보금자리를 두고 살아가는데 체온에 가까운 온도에서 잘 사는 특징이 있습니다. 그러므로 황색포도상구균이 자라지 못하는 5도 이하로 차갑게 음식을 보관하는 것이 중요합니다. 그렇지 않고 따뜻한 곳에 음식을 두면 흔하게 퍼져있는 황색포도상구균 중 일부가 우연한 기회로 음식에 조금 들어갈 수 있고, 그런 상태에서 세균들이 불어나면 독성 물질이 마구 생겨나면서 음식이 상합니다. 이런 점은 식중독 세균의 황제라고 할 수 있는 살모넬라와도 비슷합니다. 살모넬라 속으로 분류되는 세균의 종은 다양합니다. 이들은 본래 닭과 같은 동물의 뱃속에서 살아가는데 어쩌다가 닭고기나 달걀에 묻어서 나오면 식중독의 원인이 될 수 있습니다.

살모넬라와 황색포도상구균이 병을 일으키는 방식에는 차이가 있습니다. 황색포도상구균의 경우, 세균이 살면서 뿜어놓은 독성 물질을 먹으면 그 독성 물질 때문에 배탈이 나지만 살모넬라는 직접 사람 뱃속으로 들어가 살면서 배탈을 일으킵니다. 물론 살모넬라가 있는 음식이라고 해도 뜨겁게 열을 가하면 세균이 죽어버리기 때문에 잘 익혀 먹으면 안전합니다. 하지만 황색포도상구균이 많은 음식을 익혀서 세균을 죽였을 경우에는 세균이 사는 동안 뿜어낸 독성 물질이 그대로 남아있습니다. 그래서 한번 황색포도상구균이 번진 음식은 익혀도 안심할 수 없습니다. 독약을 아무리 끓여도 독약은 독약인 것과 마찬가지입니다.

음식과
세균은 상극인 건가요?

세균 중에 음식과 관련해서 완전히 다른 역할을 하는 경우가 많습니다. 류코노스톡(Leuconostoc)속으로 분류되는 세균은 음식을 상하게 만드는 것으로 포장 음식을 빵빵하게 부풀어 오르게 하는 기체를 뿜어냅니다. 그런데 이 세균들이 바꿔놓은 음식을 수백년 전부터 즐겨온 사람들이 있습니다. 바로 한국인입니다. 김치를 익힐 때 김치 속에서 자라는 세균 중에 대표적인 것이 류코노스톡입니다. 김치를 담가서 김장독에 넣어 묻어두면 추운 날씨 속에서도 살아남는 류코노스톡이 김치를 갉아먹고 여러 다른 물질들을 내뿜는데 그 물질들이 김치의 독특한 맛을 내는 데 도움을 줍니다. 김치의 발효과정에 유산균도 한 몫을 합니다. 유산균은 젖산균이라고도 하는데 말 그대로 젖산(lactic acid)이라는 시큼한 맛이 나는 물질을 만들어내는 세균입니다. 김치를 담글 때 넣는 풀이 유산균의 먹이가 되어줍니다.

우리가 발효라고 부르는 것도 사실은 세균이 음식이나 재료를 먹어치워서 뭔가 다르게 바꾸는 과정입니다. 음식을 발효시킬 때는 보통 사람에게 해가 되지 않는 몇몇 미생물을 잘 활동하게 만들고 사람에게 병을 일으키거나 음식 맛을 없어지게 하는 것은 억제하는 방식을 사용합니다. 김치는 그런 방식으로 세균을 이용해서 재료를 변하게 하고 그렇게 해서 더 오묘한 맛을 이루어내는 대표적인 발효 식품입니다.

세균과
바이러스는 다른가요?

쉽게 설명해서 코로나19는 바이러스이고 세균은 박테리아입니다. 사람에게 병을 옮기는 원인이 되니까 바이러스와 박테리아가 비슷하다고 생각할 수 있는데 완전히 다릅니다. 과학적인 접근은 아니지만 생물학자들 사이에서 세균은 모두 생명체로 바라보고 있습니다. 실제 연구를 하다보면 세균의 습성은 감정이입이 되는 게 많습니다. 하지만 바이러스는 생명체라고 보기에는 너무 단순한 구조이고 세포로 구성되어 있지 않습니다. 생긴 모습과 크기도 다릅니다. 세포는 동그랗거나 길쭉한 모양인데 코로나19 바이러스를 보면 이상하게 길쭉한 걸 알 수 있습니다. 또한 세균 중에 제일 큰 것은 시력이 좋은 사람이 봤을 때 조그만 점처럼 보이는 것도 있지만 바이러스는 절대 다수가 정말 작습니다. 특수 주사전자현미경(scanning electron microscope)같은 특수장비를 이용해야만 관찰할 수 있습니다. 세균이 사람 크기라고 했을 때 대부분의 바이러스는 사람에게 자꾸 들러붙는 벌레 정도의 크기입니다.

사람이 세균이나 해충에 시달리는 것처럼 세균도 바이러스의 공격을 받습니다. 사람이 독감이나 간염 바이러스에 감염되면 병이 들 듯이, 세균은 박테리오파지(Bactrriophage)라는 바이러스에 감염되면 병에 걸립니다. 만일 사람이 세균 때문에 충치가 생기거나 콜레라에 걸리면 그것은 세균에게 당한 것이지만 사람이 독감이나 B형 간염에 걸리면 그것은 세균까지도 괴롭게 만드는 바이러스에 당한 것입니다.

바이러스가
세균보다 강한 건가요?
세균에게 파고들어 세균을 감염시키는 박
테리오파지는 세상에 널려 있습니다. 이
바이러스들은 대체로 사람에게는 별다른 해를 끼치지 않지만 지
금도 어디선가 수많은 세균들을 괴롭히고 있습니다. 바이러스는
DNA에 꼭 필요한 물질들이 엉겨 붙어있는 덩어리로 가끔 DNA대
신 RNA가 있는 것도 있습니다. 잘 달라붙는 성질의 바이러스 끈
끈이 덩어리는 다른 생명체에 달라붙으면 바이러스가 지닌 DNA
가 그 생명체에게로 흘러들어갑니다. 바이러스의 DNA가 생물 속
으로 들어오면 생물은 바이러스 DNA가 자기 몸에 원래부터 있던
DNA인 줄 알고 엉뚱한 효소를 만들고 바이러스의 DNA를 똑같이
만들어내기도 합니다. 세균을 착각하게 만들어 자기 대신 바이러
스를 키우게 만들어 퍼트리는 겁니다. 마치 뻐꾸기처럼 말이죠.

세균 입장에서 당하고 있을 수만은 없겠죠. 우리의 생각보다
세균은 훨씬 똑똑합니다. 박테리오파지가 세균의 몸속에 들어와
서 한 번 고생하고 나면 해당 박테리오파지의 DNA를 잘라서 갖고
있다가 나중에 똑같은 DNA를 가진 것이 또 들어오면 두 번 속지
않습니다. 마치 사람이 소매치기를 당할 뻔했을 때 소매치기 얼굴
을 기억하고 있다가 다음에 그 사람을 다시 만났을 때 얼굴을 알
아보고 다시는 걸려들지 않는 상황과 비슷합니다. 사람이 소매치

기의 얼굴을 기억해두듯이 세균은 바이러스의 DNA를 잘라서 보관하는 거죠. 세균이 특정 DNA를 잘라서 보관하는 재주를 활용해 개발한 기술이 '크리스퍼 유전자 가위'로 길고 복잡한 DNA구조 중에서 필요한 부분만 싹둑 잘라 낼 수 있는 유용한 기술입니다.

세균에 대한 인식 변화가 필요해 보이네요.

제가 사람들에게 세균 이야기를 하는 이유는 세균에 관한 심오한 지식을 전달하기보다는 세균에 대해 관심을 갖게 하고 싶었기 때문입니다. 그래서 사람들이 세균, 미생물, 생화학에 대해 더 많은 관심을 갖고 더 깊은 호기심을 갖게 되어 더 많은 세균 이야기들을 찾아 나서게 하고 싶습니다. 그렇게 해서 세균이라는 것이 이 세상의 온갖 것들과 이렇게나 관련이 많다는 것, 그러면서도 이렇게나 이상한 점들이 많다는 것, 그 다양한 모습들을 둘러볼 수 있었으면 좋겠습니다. 계속 세상이 변하고 발전함에 따라 우리가 모르는 사이에 생명에게 영향을 미치는 새로운 것이 자꾸 나타날지도 모릅니다. 그때 곳곳에 설치해놓은 자동 세균 조사 장치가 있다면 살아있는 생명체인 세균에게 영향을 미치는 것이 있는지 살펴보고 무엇이 원인인지 차근차근 조사해 나가면 됩니다. 이것이 우리가 뻔히 알고 있는 위험한 무언가를 단속하고 관리하는 일을 넘어, 우리가 알지 못하는 위험에 대비하고 안전을 관리하는 방법입니다. 우리가 땅과 바다와 하늘의 세균을 널리 살펴본다면 세균의 역할은 다시 바뀔 것이라고 생각합니다. 세상 어느 곳에나 퍼져있는 이 작은 생물들은 아무도 없는 적막한 숲속이나 잔잔한 바닷물 위에서도 우리보다 먼저 세상의 변화를 느낄 것입니다. 세균이 그들의 변화를 우리에게 알려주는 파수꾼이 될 것입니다.

곽재식

작가이자 숭실사이버대학교 환경안전공학과 교수. KAIST에서 원자력 및 양자 공학 학사 학위와 화학 석사 학위를, 연세대학교에서 공학박사 학위를 받았다. 2006년 단편소설 〈토끼의 아리아〉가 MBC 〈베스트극장〉에서 영상화된 이후 〈지상 최대의 내기〉, 〈신라 공주 해적전〉, 〈가장 무서운 이야기 사건〉, 〈빵 좋아하는 악당들의 행성〉 등 다수의 소설을 펴냈다. 인문과학 교양서로 〈곽재식의 세균박람회〉, 〈지구는 괜찮아, 우리가 문제지〉, 〈곽재식의 유령 잡는 화학자〉, 〈휴가 갈 땐 주기율표〉, 〈그래서 우리는 달에 간다〉 외 여러 권을 집필했고, 글 쓰는 이들을 위한 〈항상 앞부분만 쓰다가 그만두는 당신을 위한 어떻게든 글쓰기〉, 〈삶에 지칠 때 작가가 버티는 법〉, 최근작으로는 〈판다 정신〉, 〈슈퍼 스페이스 실록〉, 〈미래 법칙〉이 있다. 한편 EBS 〈인물 사담회〉, KBS라디오 〈주말 생방송 정보쇼〉, SBS라디오 〈김영철의 파워FM〉 등 대중매체에서 과학 지식으로 사회 현상을 해석하는 패널로 활동하고 있다.

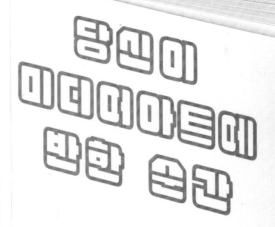

당신이
미디어아트에
관한 생각

미미밤
미디어아티스트

곧게 뻗은 댓잎 위로 하얀 눈이 소복하게 쌓이는가 싶더니 이내 투두둑 떨어진다. 그리고 또다시 쌓이는 눈. 그러기를 얼마나 반복했을까, 영상이 나오는 6분 30초 동안 작품 앞을 떠나지 못했다. 이이남 작가의 <디지털 묵죽도>를 마주한 순간, 첫 눈에 반할 수밖에 없었다. 구도나 색감 같은 미학적 해석이나 고상한 식견이 없어도 그의 미디어아트 작품은 관람객들로 하여금 감동을 선사한다.

세상에 변하지 않는 딱 하나가 있다면 '세상의 모든 것은 변한다'는 사실이다. 생성형 인공지능(AI)인 챗GPT가 불러 온 나비효과는 산업의 영역을 넘어 일상과 예술의 영역까지 파고들며 거대한 태풍이 됐다. 원하는 주제와 느낌을 입력하면 몇 분 안에 근사한 노래가 완성되고, 세상에 하나뿐인 회화 작품을 완성하는 시대다. 인간의 고유영역으로 생각해 온 예술 분야까지 인공지능이 마음껏 실력발휘에 나선 것이다. 인간의 예측을 뛰어넘는 첨단 기술의 발전은 결국 예술을 사라지게 만들까.

요하네스 베르메르의 <진주 귀걸이를 한 소녀>부터 레오나르도 다빈치의 <모나리자>와 신윤복의 <미인도>까지 국내외 유명 명화들이 이이남 작가의 손을 거쳐 새로운 작품으로 다시 태어났다. 자고로 예술이라면 세상에 존재하지 않는 것을 새롭게 창작하는 것이라 말하는 이들이 있지만, 예술 작품도 대중들의 관심과 사랑이 있어야 비로소 생명력을 갖는다. 이이남 작가는 명화라는 재료에 자신만의 독특한 상상력과 아이디어를 더해 '5분의 미학'을 완성한다. 관람객들을 작품 앞에서 5분 동안 서 있게 만드는 매력. 최첨단 디지털 기술과 예측불허의 상상력으로 만들어진 그의 미디어아트 작품은 들여다볼수록 호기심이 발동한다. 덕분에 관람객은 기꺼이 5분의 시간을 내어준다.

동서양의 명화에 새로운 기술을 접목한 미디어아트로 주목받는 이이남 작가는 '제2의 백남준'로 불리는 세계적인 미디어 아티스트다. 세계 현대미술의 흐름을 바꾼 거장 백남준 작가의 후예답게 그의 작품은 늘 새롭고 놀랍다. 최첨단 디지털 기술을 활용하지만 그의 작품에 담긴 따뜻한 감성과 다정함은 예술의 쓸모가 왜 중요한지 느끼게 해 준다. 작은 시골마을에서 뛰어놀던 꿈 많던 소년이 만들어 낸 아름답고 멋진 신세계. 시대와 공간을 초월한 융합적 작품을 통해 미디어아트의 매력을 전하는 이이남 작가를 만나보자.

요즘 어떻게
지내고 있나요? 올해 초부터 바쁜 일들이 많았습니다. 광
주 양림동에 있던 작업실을 매곡동으로
이사하면서 스튜디오 재정비를 하느라 분주하게 지냈습니다. 특
히 올해가 광주비엔날레 30주년이라서 전시 준비도 한창입니다.
지난 14회 비엔날레에 이어 올해도 양림동 <이이남스튜디오>에
서 국가관 파빌리온 전시가 예정돼 있습니다. 파빌리온 전시는 광
주비엔날레를 예술관광자원으로 활용하기 위해서 광주시립미술
관을 비롯해 지역 미술관들을 전시장으로 활용하는 건데요. 비엔
날레 30주년을 맞아서 올해에는 역대 최대 규모인 20여 개 국으
로 확대 운영될 예정입니다. 도시 전체가 세계 현대미술의 전시장
이 되는 셈인데요. 광주비엔날레의 외연 확장이나 광주의 문화관
광 자산을 전 세계에 알리는 도시 문화외교의 장이 되지 않을까
기대하고 있습니다.

세계적으로
미디어아트의 인기가
높은 것 같아요? 제가 미디어아트를 처음 접한 게 30년 쯤
전이었습니다. 그때와 비교하면 요즘 미디
어아트에 대한 관심이나 인기는 격세지감
을 느끼게 합니다. 미디어아트가 왜 이렇게 전세계적으로 관심이
높고 인기가 있을까 생각해 보면 일단 움직이는 예술이다 보니 생
동감이 있고 빛과 음향을 이용하니까 관람객들의 눈과 귀를 한 번
에 집중시킬 수 있습니다. 서울 강남 한복판에서 집채만 한 파도

가 일렁이고 미국 뉴욕에서는 대형 폭포가 쏟아지는 광고 영상이 몰입형 미디어아트의 진수를 보여줍니다. 매 순간 쏟아지는 영상 콘텐츠의 홍수 속에서 태어나면서부터 스마트폰을 쥐고 자란 세대들에게는 영상작품인 미디어아트가 편하게 이해할 수 있는 예술 장르인 것 같습니다. 예술가들 입장에서는 작품 안에서 시간과 공간의 제약을 받지 않고, 또 새로운 시공간을 창조할 수도 있어서 좋습니다. 무엇보다 기존 예술과 다르게 작품과 관람객이 상호작용한다는 점이 미디어아트의 가장 큰 매력이자 장점입니다.

미디어아트는
언제부터
시작된 건가요?

새로움이라는 이름으로 탄생하는 창작은 모두 그 뿌리가 있습니다. 미디어아트는 뉴미디어와 올드미디어로 나눌 수 있는데 넓은 의미로 사진이 발명된 19세기 이후 등장한 기술을 활용하는 모든 예술을 포함합니다. 좁게는 TV라는 매체를 통해 비디오아트를 창시한 백남준 작가를 미디어아트의 출발지로 보고 있습니다. 백남준 작가의 첫 비디오아트 전시로 알려진 것은 1963년 독일의 작은 도시에서 열린 <음악의 전시-전자 텔레비전> 전시회였습니다. 안방에 있던 텔레비전을 밖으로 끌고 나와 미술관에 전시를 했는데요. 피아노와 바이올린을 때려 부수는 전위예술을 통해 기존의 관념과 인식을 뒤엎은 획기적인 전시였습니다. 그 후로도 관객과의 쌍방향 모션으로 완성되는 <자석TV (1965년)>나 세계 최초로 인공위성을 활용한 생중계 쇼 <굿모닝 미스터오웰 (1984)> 등 백남준 작가의 미디어아트 작품은 시대의 아이콘으로 자리잡았습니다. 어떻게 보면 미디어아트는 기존 예술계의 껍질을 깨고 나온 혁명적인 장르라고 볼 수 있습니다.

광주실감콘텐츠큐브에서 선보인 체험형 미디어아트 작품을 소개해 주세요.

<꿈 속의 광주>는 1980년 5월을 경험한 저의 이야기입니다. '5학년 이이남의 꿈'이라는 설정을 통해 광주의 트라우마와 과거사를 재해석한 작품입니다. 5·18민주화운동 당시에 저는 열 두 살이었습니다. 방학처럼 주어진 일주일의 기억과 옆 마을 광주에서 들려온 괴이한 소문들을 꿈 속의 꿈으로 표현했고 2D와 3D를 넘나드는 새로운 연출기법으로 몽환적인 공간을 만들어서 관람객들을 끌어들이려고 했습니다. 1980년을 경험했던 저의 기억과 감정을 통해 다소 무거울 수 있는 5·18민주화운동 이야기를 아이의 시선으로 바라보며 더 깊은 꿈의 세계로 들어가는 체험적 몰입감을 전달하고 싶었습니다. 국가폭력에 맞서 저항했던 광주의 이야기가 전쟁과 분쟁으로 얼룩진 국제사회에 경종을 울리고 새로운 시대 정신으로 전해졌으면 좋겠습니다.

어린 시절의 이이남은 어떤 소년이었나요?

저는 담양의 작은 시골마을에서 태어나 자랐습니다. 어린 시절에 뛰어놀던 고향의

들판과 산천이 예술적 영감의 원천이 됐습니다. 계절마다 변하던 숲의 색이며 바람에 날리던 푸른 댓잎들, 마음까지 편안하게 해 주던 자연의 소리들을 잊을 수가 없습니다. 최첨단 디지털 기술을 활용하는 미디어아트지만 그 안에 자연의 순수한 아름다움을 담고 싶었던 건 유년의 기억이 큰 영향을 미쳤습니다. 자연을 벗삼아 지내면서 상상도 많이 했고 꿈도 많이 꿨습니다. 왜인지 모르겠지만 죽는 꿈을 많이 꿨죠. 어릴때부터 굉장히 철학적이었던 모양입니다.(웃음) 죽음이라는 게 뭘까. 죽음 뒤에는 무엇이 있을까. 다른 사람들이 볼 때 다소 엉뚱하고 불필요하게 보였을 생각들이 작가로서 자양분이 됐던 것 같습니다.

미디어아트에 관심을 갖게 된 계기가 궁금해요.

저는 로댕 같은 세계적인 조각가가 되고 싶었습니다. 조선대학교 조소과에 입학해서 현대조각론 강의를 들었는데 당시 교수님이 비디오아트에 대해서 소개해 주셨습니다. 그런데 정말 재밌는 거예요. 기존 회화와 조각에 한정돼 있던 제 미술 세계가 확장된 거죠. 본격적으로 미디어아트를 시작한 계기는 순천대학교 만화과 교수로 첫 강의를 시작한 때입니다. 1990년대 초반이었는데 학생들이 컴퓨터 프로그램을 이용해 애니메이션을 만드는 모습을 보고 미디어아트에 적용하면 좋겠다고 생각했습니다. 그래서 만화과 4학년 수업에서 스톱모션 기법을 이용해 학생들의 흉상을 만드는 과정을 영상으로 담아봤습니다. 찰흙 반죽에서 얼굴 모양이 잡히는 과정을 한 컷씩 촬영하고 적당한 음향을 넣어서 동영상을 만들었습니다. 현대조각론 수업에서 알게 된 미디어아트를 직접 경험한 거죠. '미디어아트가 이런 거구나.', '생명을 불어넣는 것처럼 살아 숨쉬는구나.' 환희가 느껴졌습니다. 제자들을 가르치고 배우면서 영상 작업의 매력을 알게 됐고, 그 때의 환희가 지금의 저를 만들었습니다.

세계적인 미디어아티스트인데, 첫 작품부터 주목받았나요?

절대 그렇지 않습니다. 세계 무대에서 미디어아티스트로서 제 이름을 처음 알린 곳이 2007년에 열린 뉴욕 아트페어입니다. 미디어아트를 시작하고 10년 만에 나간 첫 아트페어였는데 그 곳에서 저의 첫 작품이 팔렸습니다. 무명 미디어아트 작가로 지냈던 10년 동안 재밌게 작업했고 즐거웠지만 현실적으로 봤을 때는 관람객들이 제 작품에 관심이 없었던 시기였습니다. 말 그대로 저의 작품과 관람객들의 소통이 전무했죠. 어떻게 하면 관람객들의 시선을 잡아둘 수 있을까 고민하다가 생각해 낸 아이디어가 고전 명화였습니다. 미술에 관심없는 사람도 알아볼 수 있는 동서양의 명화를 이용해서 관심을 끌어보자 생각했고 결과적으로 성공했습니다.

2007년 뉴욕아트페어에 출품했던 대표
작품은 김홍도의 <묵죽도>를 재해석한 <
디지털 묵죽도>였습니다. 제 고향이 대나무의 고장인 담양이잖아
요. 어렸을 때 대나무를 원없이 보고 자랐는데 겨울에 눈이 내리
면 댓잎 위에 조금씩 쌓이다가 무거워지면 툭 떨어지거든요. 푸른
댓잎에 쌓였다가 떨어지는 눈이 정말 아름다웠습니다. 그 때의 감
성을 오롯이 미디어아트로 구현한 게 <디지털 묵죽도>였습니다.
사실 개막 전에는 서양 사람들에게 동양적인 한국화가 다가갈 수
있을까 긴장을 많이 했는데 저의 작품을 본 현지 관람객들의 반응
이 예상 밖으로 뜨거웠습니다. 작품 앞에서 자리를 뜨지 않는 관
람객들을 보면서 감격스러웠던 기억이 아직도 생생합니다. 사실
뉴욕 아트페어는 원래 참여하기로 했던 선배에게 일이 생겨서 제
가 대신 나가게 된 건데, 결과적으로 제 운명을 바꾼 계기가 됐습
니다. 미디어아트 작가로서 처음 참여한 아트페어에서 첫 작품을
팔았으니 얼마나 기분이 좋았겠어요. 한편으로는 무명 작가의 작
품을 구입한 제 첫 고객에게 살짝 미안한 마음도 있었습니다. (웃음)

미디어아트는 최첨단 기술을 활용하는 장
르이기도 하고 또 제가 도전을 좋아하다
보니 최초로 시도한 게 많습니다. 호남고
속도로 광주IC 관문에 설치한 미디어아트는 무등산의 사계와 빛

고을 광주의 정체성을 담고 있는데요. 비정형 관문형 폴리로는 세계 최초로 제작된 작품입니다. 2016년 부산비엔날레에서는 가상 공간에서 틸트브러시를 활용해 세계 최초의 회화작품을 선보였습니다. 당시 관람객들이 각자 시선에 따라 작품을 해석할 수 있어서 큰 호응을 얻은 바 있습니다. 그리고 미술관을 가지 않아도 전자노트와 휴대전화의 어플리케이션을 통해 일정 금액을 내고 작품을 다운받아서 볼 수 있는 앱 전시회 등 세계 최초로 작업한 작품들이 꽤 많습니다.

기술 발전 속도가 빠른데 새로운 매체에 적응하기 어렵지 않으요? 지난해 중국 작가들과 메타버스 작품을 협업했는데 재밌는 작업이었습니다. 인터넷이 발전하고 와이파이, 스마트폰, 메타버스까지 이어지는 연결의 혁신이 기술적인 측면에서 미디어아트 작가들에게 많은 영향을 미치고 있습니다. 그런데 신기술을 익혔다 싶으면 금세 또 새로운 기술이 나오니까 어떻게 보면 끝이 없는 거예요. '언제까지 이렇게 해야 하지?' 싶다가도 새로운 기술이 나오면 또 시도해 보고 싶은 마음이 들기도 합니다. 일종의 직업병이라고 할 수 있습니다. (웃음) 앞으로도 기술은 계속 발전할 수밖에 없는데, 덕분에 미디어아트의 가능성도 커지겠죠.

**미디어아트 작품이
고장나면
어떡해야 하나요?**

미디어아트는 전자기기로 구현되기 때문에 사후 관리는 필수입니다. 사실 이 부분이 모든 미디어아트 작가들의 고민이기도 합니다. 통상적으로 미디어아트 작품은 여느 전자제품들처럼 대부분 1년 간의 무상 서비스 기간을 두고 있습니다. 그래서 미디어아티스트들은 전문 수리 기사님 못지 않은 사후 서비스(A/S) 실력을 갖추고 있습니다. 경우에 따라서는 작가가 직접 가야 할 때가 많은데요. 저도 몇 해 전에 벨기에 미술관에서 고장난 미디어아트 작품 수리를 의뢰해서 직접 다녀온 적이 있습니다. A/S를 요청했던 현지의 벨기에 미술관 관장님이 한달음에 달려온 저를 보고 감동해서 작품 하나를 더 소장해 주셨습니다. (웃음)

**미디어아트가
도시의
경쟁력이 될까요?**

전 세계적으로 21개 미디어아트 창의도시가 있는데요. 광주는 2014년 12월 1일에 유네스코 미디어아트 창의도시 네트워크에 가입했습니다. 세계 유명 도시들이 경쟁에 뛰어들었는데 당시 저를 비롯해 선후배 미디어아티스트들이 유네스코 본사에 가서 전시회도 열고 빛고을 광주의 이미지를 강조하면서 열심히 노력한 결과 최종 선정됐습니다. 광주가 미디어아트 창의도시로 지정된 이후로 5개 권역을 중심으로 창의벨트사업이 추진되고 있는데요. 국립아시아문화전당을 포함해 양림동과 사직공원 등에 미디어아트 콘텐츠를 선보이면서 광주의 밤을 화려하게 수놓고 있습니다. 오스트리아 린츠시와 프랑스 리옹시의 경우 미디어아트를 도시의 관광자원으로 키우면서 도시 재생의 원동력으로 삼고 있는데요. 광주도 유네스코 미디어아트 창의도시라는 문화자산을 도시 발전에 이용하기 위해서는 시민들의 지속적인 관심과 지지가 필요합니다.

미디어아티스트로서 바람이 있나요?

미디어아트로 도시를 바꿀 수 있습니다. 그러기 위해서는 광주의 예술적 자산이 지역의 관광자원과 연결돼야 합니다. 현재 5개 권역에서 추진 중인 유네스코 미디어아트 창의벨트사업이 마무리 단계에 들어갔는데요. 사업이 모두 마무리되면 광주의 중요한 관광자원이 될 것입니다. 앞으로 바람이 있다면 도심 곳곳에서 미디어아트를 가까이에서 느껴볼 수 있는 공간들이 늘었으면 좋겠습니다. 예를 들어 충장로 상가에서 미디어아트를 만나는 거죠. 사람이 지나가면 상가의 쇼룸이 움직인다든지 상가의 옷들이 움직인다든지, 생활 속에서 직접 경험할 수 있는 작품들이 많이 설치됐으면 합니다. 광주 곳곳에서 만나는 미디어아트 작품들이 시민들에게 좋은 영감과 자극을 주면 도시의 삶도 훨씬 달라질 것입니다. 그리고 국내외에서 많은 분들이 광주에 오셔서 미디어아트와 현대미술을 즐기고 사랑해 주셨으면 좋겠습니다.

〈작품 소장처〉

토마 아트파운데이션(미국), 지브라스트라트 미술관(벨기에), 아시아미술관(미국), 소더비(홍콩),
예일대학교(미국), 하른미술관(미국), 수닝예술관(중국), 국립중앙박물관, 국립 중앙도서관, 청와대,
국립현대미술관, 서울시립미술관, 서울식물원, 한미사진미술관, 포항시립미술관, 부산시립미술관,
부산현대미술관, 광주시립미술관, 전남도립미술관, 제주현대미술관, 겸재정선미술관, 샌프란시스코
아시아 미술관, 인천국제공항 ,울리시그 컬렉션, LS 일렉트릭, 쾰른 동아시아 박물관, 엔씨소프트 외
다수

이이남

광주 출신의 세계적인 미디어아티스트. 전남 담양에서 태어나 조선대학교 조소과를 졸업 후 동 대학원 석사를 졸업하고 연세대학교 영상예술학 박사과정 수료. 조선대학교 일반대학원에서 미술학 박사학위 취득. 벨기에, 중국, 독일, 카타르, 뉴욕, 싱가포르, 파리, 런던 등 국내외 개인전 70여 회와 800회 이상 그룹전을 개최하며 전 세계적으로 활동 무대를 넓혀가고 있다. 2017년 유네스코한국위원회 문화예술친선대사를 역임. 2018년 제7회 서울특별시 좋은 빛상 미디어파사드 콘텐츠 부분 최우수상. 2020 앤어워드 디지털미디어&서비스 부문 디지털콘텐츠 분야 그랑프리 수상

2016년 부산 비엔날레에서 구글(Goole)의 VR 틸트브러시(Tilt Brush) 기술을 접목해 협업 전시한 최초의 작가. 2016 베니스 비엔날레와 2019 테이트 모던 초빙전시. 2018년 4월27일 남북정상회담 장소에 디지털 병풍 '평화의 길목' 전시. 인천국제공항, 벨기에 지브라스트라트 미술관, 국립중앙도서관, UN본부, 샌프란시스코 아시아 미술관, 중국 수능예술관 등에 작품 소장. 2020년 광주 양림동에 카페를 겸한 '이이남스튜디오' 개관.

삶 은 어 떻 게 소 설 이 되 는 가

정지아
작가

참 오랜만이다. 책 표지를 펼치자마자 웃고 웃느라, 결국 앉은 자리에서 마지막 페이지까지 모두 읽어 버렸다. 정지아 작가가 무려 32년 만에 '각 잡고' 발표한 소설답다. 소설 <아버지의 해방일지>는 평생을 사회주의자이면서 혁명전사였던 아버지가 노동절 새벽에 전봇대에 머리를 박고 진지 일생의 생을 마감하면서 시작된다. 선 굵은 역사적 서사에 톡 쏘는 청량음료같은 가벼움이 압도적인 몰입감을 선사하는 소설이다. 자본주의 한국에서 평생을 평등한 세상을 꿈꾸는 사회주의자로 살아온 아버지의 이야기를 따라가다 보면 이념과 역사의 소용돌이 속에서도 결국엔 나약하고 또 강인한 인생 이야기가 보인다.

1950년 6월 25일. 한국전쟁이 일어난 지 벌써 74년이 지났다. 수 천 년을 한 민족으로 살아왔던 사람들이 두부모 자르듯 무심하게 그어버린 38선을 사이로 남과 북으로 갈라섰다. 스스로의 힘으로 광복을 얻지 못한 대가는 동족 간 피비린내 나는 싸움으로 이어졌고 그렇게 서로를 미워한 채 적이 됐다. 한반도를 갈라버린 민주주의와 공산주의의 이념 전쟁은 당시로서는 누구도 피해갈 수 없었던 싸움이었다.

각자 새로운 세상을 꿈꿨지만 어느 순간 적이 된 민주주의자와 공산주의자. 민주공화국이 된 대한민국에서는 공산당이나 빨치산같은 단어는 배척과 갈등의 금기어였다. 하지만 인간의 역사는 필연적 법칙에 따라 앞으로 나아간다. 모든 사물의 현상과 전개가 정반합의 과정을 거치며 새로운 시대를 맞는다. 프랑스 파르티잔(partisan)에서 유래한 빨치산을 적대시하는 세대가 있는가 하면, 지리산 옆에 있는 산 정도로 짐작하는 세대도 등장한 것처럼 말이다.

첫 장편소설 이후 32년의 시간이 흐르면서 정지아 작가도 달라졌다. 자칫 무거울 수 있는 주제의식을 특유의 위트와 발랄함으로 시종일관 웃음과 감동을 전한다. 전직 빨치산이었던 아버지가 남기고 간 수많은 에피소드는 서글프지만 웃기고, 울분이 솟다가도 "긍게 사람이제." 한마디로 상황 종료되는 것이 시트콤을 연상시킨다. 첫 문장부터 마지막 문장까지 군더더기 없는 간결한 문체가 무심한 듯 다정한 작가를 닮았다. 한국소설의 새로운 화법을 제시하며 장르가 된 정지아 작가. 그의 이야기를 들어보자.

강연이 늘었다는 것만 다를 뿐 전과 다름
없이 시골 생활을 즐기고 있습니다. 작은
텃밭도 가꾸고요. 고양이 네 마리와 강아지와 엄마를 먹여 살리면
서요. 상추는 무성하게 자라서 집에 오는 지인들 모두 챙겨주죠.
조금 있으면 제가 제일 좋아하는 호박잎 쌈도 맘껏 먹을 수 있겠
네요. 자연은 잠시도 똑같을 때가 없습니다. 바람에 따라 햇빛에
따라 변화무상하게 바뀌죠. 우리집 고양이들과 창가에 앉아 순간
순간 달라지는 자연을 지켜보는 일이 가장 큰 즐거움입니다. 엄마
가 조금씩 늙어가는 일은 가장 큰 서글픔이고요. 좋은 것만 볼 수
는 없겠죠. 슬픔도 기쁨도 함께 어우러져 살아가고 있습니다.

32년 전, <빨치산의 딸>은 제 부모님이
살아 온 삶의 실록이거든요. 그분들이 왜
해방 정국에서 그런 선택을 할 수밖에 없
었고 어떻게 싸웠는가 이 기록이 전혀 없던 시절이기 때문에 부모
님이 더 늙기 전에 옳든 그르든 공이든 과든 역사는 다 기록되어
져야 된다고 생각했어요. 당시까지는 해방 후 사회주의 활동이 전
무하다시피 했으니까요. 빨치산 부모가 등장하기는 하지만 <아
버지의 해방일지>는 빨치산과는 사실 아무 상관이 없습니다. 이
제 와서 빨치산 얘기를 다시 하는 것이 큰 의미는 없다고 생각합
니다. 다만 그런 신념을 가졌던 사람도 자본주의 사회에서 사람들

과 관계를 맺으면서 살아왔잖아요. 그래서 그러한 신념이 구체적인 삶의 관계 속에 어떻게 드러나는가 이런 얘기를 하고 싶었습니다. 이 소설은 아버지와 평생 불화했던 딸이 아버지의 장례식장에서 3일 동안 손님을 맞으면서 그전까지 알지 못했던 아버지를 이해해가는 이야기입니다. 보통의 자식들이 그러하듯이요.

실제 부모님은 어떤 분들이었나요? 모든 소설은 작가 입장에서 재해석된 에피소드들이라서 부모님 얘기도 70프로 정도 사실입니다. 등장 인물들은 대부분 허구인데 소설 속 화자의 어린 시절 추억은 실제에 가깝습니다. 저는 부모님과 일찌감치 화해한 반면 소설 속 화자는 아버지의 죽음 앞에서야 비로소 이해를 합니다. 그러니까 사춘기 시절의 마음을 그대로 가진 채 성장하면 화자와 비슷하지 않았을까 싶습니다. 화자처럼 저도 처음에는 부모님을 이해하지 못했죠. 제가 초등학교 2학년 때 아버지가 감옥에 들어가셔서 중3 때 나오셨어요. 아버지가 집으로 돌아오시고 나서 일상인으로 살아가는 모습을 철이 들어서 처음으로 보게 됐는데 그냥 너무 좋은 사람인 거예요. 이를테면 눈 내리면 제일 먼저 일어나서 온 동네 눈 다 쓸고, 남의 집 일을 내 일처럼 하는 사람 있잖아요. 어머니는 그래도 딸이 우선이라서 맛있는 음식도 따로 챙겨두는 분이었는데 아버지는 손님 오면 그냥 줘버리는 거예요. 그러니까 이데올로기가 뭔지 몰랐지만 아버지같은 사람들이 했던 일이라면 대단히 나쁜 죄는 아닐 것이다 이러면서 인간적으로 조금씩 이해가 되기 시작했습니다. 대학 가서는 한국 현대사 책을 많이 읽었는데 당시 역사나 시대적 상황에 대해서 알아가면서 아버지와의 사이는 굉장히 좋아졌습니다.

"아버지가 죽었다."
소설 첫 문장이 주는
강렬함이 큰데요?

첫 문장을 그렇게 시작한 게 사실은 아버지가 쓰러지시고 나서 며칠 동안 생존해 계셨거든요. 근데 의식이 없는 상태죠. 그때 아버지 옆에서 느낀 게 되게 많았어요. 그래서 첫 시작을 아버지가 다쳤다는 전화를 받은 순간부터 시작해 보기도 하고, 시속 180~200킬로미터 속도로 안갯속 고속도로를 달려가는 장면에서도 시작해 보고, 의식 없는 아버지를 처음 대면한 순간도 생각해 봤는데 너무 무거운 거예요. 이번 소설은 좀 가볍고 경쾌하게 쓰려고 작정을 했었거든요. 그래야 요즘 친구들도 읽어주지 않을까 싶어서요. 어떻게 해야 가벼워질까 고민하다가 문득 "아버지가 죽었다."는 문장이 떠올랐어요. 일부러 "아버님께서 돌아가셨다."도 아니고 "아버지가 죽었다."로 시작한 건 더 냉정하고 객관적 거리를 유지하려고 그렇게 썼는데 그렇다 하더라도 한 생명의 마지막이 안 무거울 수가 없잖아요. 아버지가 죽었다고 썼는데 이것도 가벼워지지가 않는 거예요. 이걸 가볍게 만드는 방법이 뭘까를 고민하다가 좀 우스꽝스럽게 죽는 상황을 추가하면 죽음의 무게를 덜어낼 수 있지 않을까 생각하고 뒷 문장까지 완성했습니다.

마지막도 자유로운
혁명가 아버지다운
엔딩이었던 것 같아요.
엔딩은 소설적으로 두가지 의미를 갖고
있습니다. 첫 번째 의미는 이데올로기든
무엇이든 간에 좌든 우든 간에 사람들 속
에서 사람들과 함께 잘 살자고 하는 것이잖아요. 그게 산속에서
고결하게 나의 동지들과만 있는 것이 아니라 세상 속으로 내려와
야 한다는 뜻이고요. 또 하나는 어쨌든 사회주의는 진작에 끝났지
만 평등하고 공평한 세상에 대한 꿈은 지금도 계속되고 있잖아요.
그런 아버지의 마음이 후대로 이어졌으면 하는 바람에서 아버지
의 뜻을 이어갈 사람이 기왕이면 가장 소외된 사람, 미성년자이고
여성이고 그리고 심지어 다문화 가정의 아이를 통해서 공평한 세
상에 대한 아버지의 뜻이 이어가면 좋겠다는 의미로 끝맺음을 했
습니다. 근데 제 아버지는 묶인 데가 없었던 분이라 사실은 이념
적으로 해방될 필요가 없었어요. 다만 이념이라는 것도 생명이 존
재하기 때문에 생겨나는 것인데, 모든 사람의 죽음이 욕망과 고통
이 내재된 생명으로부터 해방되는 것 이라서 그런 의미에서 아버
지는 해방되셨을 것이라고 생각합니다.

남도의 구성진 사투리가
인상깊은데요?
제가 이전에 썼던 소설들에도 전라도 사
투리가 등장하는 소설들이 몇 편 있었어

요. 저희 할머니가 1900년생이시거든요. 유관순 누나가 1902년 생이세요. 근데 유관순 누나는 1919년에 돌아가셨지만 저희 할머니는 1991년에 돌아가셨어요. 제 고향이 반내골이라고 되게 작은 동네인데 13살에 시집 오셔서 그 동네에서만 거의 80년 가까이를 사셔서 구례 사투리를 정확하게 쓰셨어요. 그래서 제가 말로 하는 건 까먹었지만 할머니의 사투리가 계속 머릿속에 남아 있었어요. 또 요즘에는 제가 살고 있는 구례에서 친해진 도서관 사서분이 계신데 사투리를 되게 맛깔스럽게 잘해요. 그래서 제가 수시로 전화해서 구례 사투리 번역을 부탁하고 있습니다.

<아버지의 해방일지>가 MZ세대들에게 왜 인기가 많을까요? 사실 전혀 예상하지 못한 일이었어요. 그래서 여전히 신기합니다. 처음에 제 책에 관심을 가져주신 분들은 이른바 이제는 586세대가 된 옛 386세대들이었죠. 대부분 직장에서 은퇴할 나이가 된 분들인데 책을 읽으면서 아마도 자신들이 걸어왔던 청춘의 시절을 추억하면서 좋아해주신 것 같아요. 근데 MZ세대들도 좋아한다고 하니까 그 이유가 뭔지 생각해봤어요. 저는 젊은 세대는 진지하지 않다는 편견이 있었는데 그게 정말 옹졸한 편견이었다고 생각해요. 우리에게는 중요한 현대사이지만 젊은 친구들에게는 그냥 옛 역사였던 거예요. 잘 모르니까 오히려 편견도 없었던 겁니다.

옛 386세대 중에는 책을 사기는 했는데 딱 펼치는 순간 빨치산 이야기가 나오니까 그냥 덮어뒀다는 분들도 계셨어요. 반면에 젊은 세대 중에는 단 한 명도 그런 분이 없었어요. 빨치산이 지리산 옆에 있는 산인 줄 알았다는 친구도 있었고, 어떤 친구는 빨치산이 프랑스어에서 왔다고 하면 깜짝 놀라기도 했어요. 제가 더 놀란 이유는 젊은 독자들이 책을 읽고 난 후에 빨치산이나 빨갱이라는 단어가 무슨 의미인지 알아봐야겠다는 거예요. 열린 사고를 가진 세대라는 게 한편으로는 굉장히 고맙고 부러웠습니다. 어쩌면 그들이 열린 사고가 가능했던 것은 옛 386세대가 이뤄낸 토대 위에서 성장했기 때문이 아닐까 하는 생각도 해 봤습니다. 제가 이런 얘기를 하면 그 세대들이 좋아해요. 우리가 헛살지는 않았구나. 우리가 뭐라도 하나 남겼구나.

32년 만에 장편소설을 발표했는데, 달라진 점이 있나요?

<빨치산의 딸>은 제가 소설이 아니고 실록이라고 수백 번을 강조해도 자꾸만 소설이라고 그러시고요. <아버지의 해방일지>는 제가 소설이라고 백 번을 얘기해도 자꾸 다큐라고 하십니다. 그러니까 세상사가 참 마음대로 안 돼요.(웃음) 사람이 나이가 들면 어쨌건 둥글둥글해지면서 조금 더 많은 것들을 이해하게 되는 것 같아요. 아주 단순하게는 제가 20~30대 때는 불의에 눈 감는 사람들을 보면 분노했고, 왜 그러는지 이해할 수 없다고 생각

했어요. 근데 나이 들어 보니까 사람이 자기 마음대로 할 수 있는 게 생각보다 많지 않아요. 제가 살을 빼려고 10년째 고민하고 있는데 1킬로그램 빼기가 너무 어려워요. 그래서 사람이라는 게 이렇게 머리로는 다 생각해도 그것을 삶에서 구체화시키는 게 쉽지 않구나, 이런 거를 나이 들면서 깨닫고 있습니다.

또 이데올로기라는 상처는 이데올로기의 실체를 이해하는 순간 다 풀어집니다. 부모님이 지금 세상과 맞지 않는 길을 선택했을 뿐이지 꿈꿨던 세상은 아름다웠다는 걸 이해하고 나니까 부모님에 대한 원망이 모두 사라졌어요. 저는 이데올로기 때문에 힘들긴 했지만 부모님이 정말 큰 사랑을 주셔서 이겨낼 힘도 있는 것 같아요. 세상 모든 사람이 자기 고통이 가장 크고 절실하다고 생각해요. 그래서 고통의 크기를 비교한다는 것 자체가 무의미하고 '내가 남달리 그렇게 고통스럽게 산 것도 아니겠다 어디 가서 고생했다는 얘기는 하지도 말아야 되겠다.' 이런 생각을 하면서 조금 더 다른 사람들을 너그럽게 이해하게 된 것도 있습니다.

구례에 다시 돌아와 살아보니 어떤가요? 2011년에 구례에 다시 돌아왔습니다. 제가 처음 구례에 내려온 건 어머니가 금방 돌아가실 것 같았어요. 제가 어머니의 기대에 늘 부응하지 못한 딸이었어요. 그래서 어머니에게 할 수 있는 마지막 효도가 곁을 지키는 일이구나 싶어서 귀향을 결심했습니다. 당시에 어머니가 정말 많이 아프셔서 일 년 정도 예상하고 구례에 내려왔는데 어머니가 점점 더 건강해지셨어요. 2년째 되니까 아픈 데가 하나도 없고, 3년째 되니까 검은 머리가 나고, 4년째 되니까 눈까지 밝아지셨어요.(웃음) 그래서 다시 서울로 올라가지 못하고 지금까지 구례에서 살고 있습니다.

다시 구례로 돌아오니 서울서 보이지 않던 아름다움 천지입니다. 섬진강변의 벚꽃길, 반야봉의 낙조, 노고단의 운해만 아름다운 게 아닙니다. 벚꽃은 정 없어 싫고 산수유는 속 없어 싫다는 동네 할매, 필요 없다고 해도 밥을 먹어야 힘이 난다며 기어이 음식을 가져다주는 식당 주인, 심지어는 먹도 못할 억센 나물을 삶으면 부드럽다고 뻥쳐서 파는 장터 할매까지, 이곳에는 사람 냄새 넘치는 이웃들이 가득합니다. 오죽하면 할매가 뻥을 치겠는가. 다 먹고살자고 하는 짓입니다. 급하면 뻥도 치고 호통도 치는 것이 사람이죠. "사람이 오죽하면 글겄냐." 아버지 십팔번 멘트였는데 그 말을 받아들이고 보니 세상이 아름답게 보였어요. 진작 아버지 말을 들을 걸 그랬다는 생각이 듭니다.

작가님에게
구례는 어떤 의미인가요? 저는 원래 구례를 되게 싫어했습니다. 극장 하나 없고 문화생활도 할 수 없고 서울 한 번 가려면 7시간에서 8시간이 걸리고 이런 촌구석을 사랑하는 아이는 아마 거의 없었을 거예요. 게다가 온 동네 사람들이 제가 빨치산의 딸인 걸 알고 있었어요. 그게 싫어서 어머니를 졸라 서울로 전학도 갔죠. 옆집 숟가락 개수까지 알고 있는 시골마을의 공동체 문화도 정말 싫어했었는데 구례에 다시 돌아와서 살다 보니까 젊은 시절의 느낌과는 또 다르더라고요. 빨치산의 딸이라는 것도 제 삶의 조건이고, 그걸 외면하거나 부정하고서는 앞으로 나아갈 수가 없는 거죠. 사람들에게 잘 보이고 싶어서 자기 모습을 꾸며내서 얘기를 하는 순간 진짜 자기는 묻히는 것이고 그러면 그런 말조차 털어낼 수 없는 관계라는 것이 얼마나 형식적이겠어요. 서울에서는 친구들이 있어도 외로울 때가 많았는데 고향 마을에서는 사람이 왜곡되지는 않아요. 이런 삶의 방식 같은 것들이 저한테 여러 가지를 많이 깨닫게 해줬어요. 그 전면적 관계의 힘 같은 것들을 알았기 때문에 <아버지의 해방일지> 같은 소설을 쓸 수 있었고요.

한 권의 소설이 세상을 변화시킬 수 있을까요?

책 한 권이 혁명적으로 세상을 바꿀 수는 없어요. 다만 다시 생각해 볼 수 있는 기회는 제공했으면 좋겠습니다. 얼마 전에 서울에 사는 친구에게 전화가 왔어요. 자기가 지하철을 타고 가는데 어떤 30대쯤 된 남자 셋이서 투닥거리던 중에 한 친구가 중재를 하겠다고 하니 옆에 있던 친구가 "이런 공산당 같이 공평한 녀석" 이랬다는 거예요. 자기가 살면서 공산당을 좋은 의미로 쓰는 걸 처음 봤다면서 혹시 정지아 책 읽었냐고 물어보고 싶었다는 거예요.(웃음) 정말 그 남자분들이 제 책 덕분에 그렇게 말했다면 참 행복할 것 같아요. 옳고 그름을 떠나서 적어도 공산당이라는 게 새빨간 몸으로 채찍을 휘두르는 괴물은 아니라는 것, 우리와 똑같은 사람인데 조금 다른 세상을 꿈꾸었다는 것 정도로만 알아도 좋겠습니다.

차기작 계획이 있나요? 솔직히 말하면 <아버지의 해방일지>가 베스트셀러가 되면서 처음에는 조금 부담스러웠어요. 생각해놓은 글감들이 몇 가지 있는데 뭘 써야 대중에게 또 통할까 이런 고민들을 했었는데, 친한 선배가 말하기를 가수 싸이가 아직까지도 '강남 스타일'이 왜 떴는지를 고민하고 있다는 거예요. 사실인지는 모르겠지만.(웃음) 그 말을 듣고 깨달음이 왔어요. '소설이 왜 떴는지는 아무도 모르는 거다. 그냥 나답게 쓰면 되는 거다.' 이렇게 마음먹고 나니까 한결 편안해졌습니다. 그리고 잊지 말아야 할 중요한 사실은 지금까지의 저는 굉장히 고상하고 지적인 걸 좋아했던 사람이라서 늘 위를 보고 살았는데, 땅에 좀 털퍼덕 주저앉아서 세상을 둘러보고 나서야 <아버지의 해방일지>가 탄생할 수 있었다는 사실이에요. 높은 하늘을 보려고 까치발을 들고 올려다보면 몸이 아프잖아요. 다리도 아프고 목도 아픈데 보이는 건 조금밖에 없거든요. 근데 땅바닥에 주저앉으면 하늘도 보이고 땅도 보이고 주변도 둘러볼 수가 있어요. 사람을 살리는 것들도 하늘이 아니라 땅에 있더라고요. 높이 올라가고 싶은 마음을 조금 내려놓고 더 따뜻하고 더 열린 시선으로 세상을 열심히 들여다보자. 다음 책이 베스트셀러가 되면 좋겠지만 독자들에게 인기를 얻지 못하더라도 열심히 쓰다보면 언젠가는 또 좋은 작품을 쓸 수 있지 않을까 생각합니다.

독자들에게 전하고 싶은 말이 있나요?

너무 열심히 살려고 애쓰지 마시라는 말씀을 드리고 싶어요. 열심히 바쁘게 살면 오히려 보이는 게 없습니다. 비행기로 유럽에 가면 구름밖에 보지 못해요. 한 시간을 천천히 걸으면 오만 것들이 다 보입니다. 우리는 잘살려고 바쁘게 자신을 몰아붙이는데 외려 그 속도와 노력이 우리를 힘들게 하는 경우가 더 많은 것 같아요. 쉬엄쉬엄 살아도 좋은 사람으로 잘 살 수 있습니다. 요즘 주변에 가만 있는 사람들이 잘 없더라고요. 나이 들어서도 뭘 자꾸 배워요. 빠른 시일 내에 서구 자본주의를 따라잡을 수 있었던 우리 민족의 장점이기도 하지만, 이제는 좀 누리고 즐겨도 되지 않을까요.

정지아

소설가. 1965년 전남 구례에서 태어나 중앙
대학교 대학원 문예창작학과 박사과정을 마
쳤다. 2011년 구례에 돌아와 어머니를 돌보며
생활하고 있다. 1990년 장편소설 〈빨치산의
딸〉을 펴내며 작품활동을 시작했으며 1996
년 조선일보 신춘문예 단편소설 〈고욤나무〉
가 당선되었다. 소설집 〈행복〉 〈봄빛〉 〈숲
의 대화〉 〈자본주의의 적〉 등이 있다. 김유정
문학상, 심훈문학대상, 이효석문학상, 한무숙
문학상, 심훈문학대상, 노근리 평화문학상, 오
영수문학상, 5.18 문학상, 만해문학상 등을 수
상했다.

오늘, 어떤 음식을 먹었나요?

주영하
한국학중앙연구원 교수
음식인문학자

지구 상에서 요리하는 동물은 인간이 유일무이하다. 20만
년 전부터 불을 사용해 요리한 음식을 나눠 먹는 행위를 통해 인
류가 진화했다는 가설도 있다. 요리하는 인간 '호모 코쿠엔스
(Homo coquens)'가 대자연이 선택한 인류일 수 있다는 말이
다. 만약 그렇다면, 우리가 매일 마주하는 밥상 위의 음식들을
무심하게 바라볼 수는 없다. 인류 진화의 비밀이 그 안에 있기
때문이다.

"오늘, 어떤 음식을 먹었나요?" 내가 먹은 음식을 말해주면
어떤 사람인지 말해주겠다니. 얼핏 영험한 무속인의 말처럼 들
리겠지만, 이 말은 프랑스 법률가이자 미식가인 '장 알텔므 브리
야 샤바랭'이 한 말이다. 개인의 음식 취향과 경험을 통해 그의
삶을 파악할 수 있다는 의미다. 음식 하나로 인류 진화의 비밀을
넘어 개인의 삶까지 들여다볼 수 있다니 정말 대단하지 않나.

바야흐로 한식 열풍이 거세다. 북미와 유럽으로 냉동김밥이
불티나게 팔려나가고 있고 세계 거리마다 한국 음식점들이 문
전성시를 이룬다. 지난해 해외 한류 실태조사에서 K푸드 브랜드
지수가 뷰티와 K팝을 제치고 가장 높은 점수를 얻었다. 세계가
한식에 반한 것이다. 하지만 현재의 한식 모습은 옛 전통 한식과
는 꽤 차이가 난다. 한식은 최근 백 여년 동안의 급격한 시대 흐

름 속에서 다양한 세계문화를 만나며 달라졌다. 그도 그럴 것이 음식을 비롯한 모든 문화는 변한다. 수 세기 동안 육지와 고립된 채 살아온 갈라파고스 제도가 아니라면 말이다. 지구 곳곳이 실시간으로 접속되는 시대에 한식의 변화는 불가피하다.

세계와 만나 변화해 온 글로벌한 한국 100년 식탁. 그 속에는 문화와 경제가 있고, 정치와 사회도 있다. 세계인의 입맛을 사로잡은 한식을 이해하기 위해서 20세기 한국 음식문화사를 집대성한 학자가 있다. 한국 음식의 원형이 무엇인가 보다 한국 사람은 무엇을 어떻게 먹어왔는지가 더 중요하다는 주영하 교수. 그는 지난 백여 년간 한국인의 식탁에 오른 메뉴를 통해 한국 음식문화사가 어떻게 변화해왔고, 또 어떤 영향을 미쳤는지를 치밀하게 분석함으로써 통섭의 식탁을 보여준다. 국내 최초의 음식인문학자로서 비판적 논쟁도 서슴지 않으며 음식으로 역사와 문화를 이해하는 음식인문학의 가능성을 보여주는 주영하 교수를 만나보자.

최근
<한식문화사전>을
출간했는데
어떤 책인가요?

사전이라는 그릇에 걸맞게 한국음식의 모든 것을 담은 책입니다. 음식의 역사는 결코 에피소드 모둠이 아닙니다. <한식문화사전>은 레시피 중심의 요리책이 아니라 한식을 둘러싼 역사, 사건, 시문학, 그림, 민속학, 문화인류학, 영양학 등을 아우르는 백과사전이라고 볼 수 있습니다. 저를 비롯해 총 15명의 전문가가 집필에 참여했는데 문학평론가 하응백 대표가 문학 관련 파트와 사진 자료를 책임졌고 제가 나머지 파트를 조율했습니다. 예전에 한국민족문화대백과사전(한국학중앙연구원 발행)과 한국민속대백과사전(국립민속박물관) 제작에 참여한 경험이 도움이 됐습니다. 바라는 점이 있다면 포털 사이트와 연동해서 한식문화에 관심있는 분들이 필요한 자료와 정보를 찾아볼 수 있었으면 좋겠어요. 음식은 아무래도 읽는 것보다는 보는 것이 중요한데 각 항목에 관한 짧은 동영상을 만들어서 연계하는 것도 고민 중입니다.

국내 최초의
음식인문학자이신데
음식인문학은
어떤 건가요?

1970년대 중반부터 유럽과 미국의 인류학자들이나 역사학자들이 음식에 대한 연구를 하기 시작했어요. 그걸 영어로 푸드 스타디즈(Food Studies)라고 부르는데, 번역하면 음식학정도 되겠죠. 하지만 한국에서 통용되는 식품학과는 다른 의미입니다. 푸드 스타디즈는 사회과학, 역사학, 사회·문화인류학, 민속학, 예술학 및 기타 분야에서 식품의 생산과 소비를 둘러싼 사회·문화와 그 맥락을 비판적으로 검토하는 학문입니다. 식품학은 산업혁명 이후 국민에게 안정적인 식량 공급에 초점을 맞춘 학문이므로, 엄격하게 말하면 비판적인 푸드 스타디즈라고 볼 수 없죠. 식탁 위에 오른 음식을 보면서 '어떤 재료를 먹을 수 있다고 생각하나?' '무엇을 맛있다고 생각하나?' 같은 질문에 문화권마다 서로 다른 답이 있습니다. 예를 들어 한국인은 고사리를 식용 식물이라고 생각하지만 영국계 캐나다인은 그렇지 않아요. 한국인은 해장국을 먹으며 시원하다는 말부터 하지만, 미국인은 해장국에 든 고기가 무슨 고기인지 의심부터 합니다.

연세가 드신 분 중에서는 자신의 어릴 때와 달리 최근 젊은이들의 입맛이 많이 달라졌다고 걱정하시는 분이 적지 않습니다. '역사적인 요리법'이란 말이 있는데요. 모든 문화가 시대에 따라 변형되듯이 같은 이름의 음식이라도 시대에 따라 요리법이 조금 달라지거나 아예 다른 음식으로 바뀌기도 합니다. 음식에 대한 역사학적 접근이 필요한 이유가 바로 이 때문이죠. 그렇다고 음식인문학이 단지 역사학, 문화인류학, 민속학의 시선에서만 음식을 보아야 한다는 것은 아닙니다. 자연 속의 물질이든 사람이 만들어낸 물질이든 그 속에는 자연과학과 인문, 사회과학이 모두 존재합니다. 음식인문학은 자연과학적 지식을 바탕으로 인문학과 사회과학의 이론과 방법론을 적용해야 실현될 수 있습니다.

현재 한국인의
식탁은 언제 어떻게
만들어졌나요? 저는 한국전쟁이 끝난 뒤 태어난 베이비
붐 1세대입니다. 압축성장이 막 시작되었
을 때 태어나 탄산음료를 처음 맛보았고,
학교에서 '국민교육헌장'을 누구보다 빨리 외워서 식빵을 상품으
로 받기도 했으며, 1972년 무렵에는 점심시간에 흰쌀밥 도시락인
지 잡곡밥 도시락인지 검사를 받은 적도 있었습니다. 대학원 수업
에서 이런 이야기를 하면 학생들이 눈을 동그랗게 뜨고 신기해합
니다. 학생들이 보인 반응을 보면 그들에게 나의 1960~70년대
경험은 하나의 역사인 셈입니다. 동년배인 일본의 민속학자 야노
게이치는 오늘날 일본 사회와 문화를 알기 위해서는 1950~60년
대를 이해해야 한다고 주장했습니다. 그는 많은 일본인의 마음속
에 있는 '주부의 맛', 곧 '어머니의 맛'은 패전 이후 일본이 경제 회
복을 한 1950년대 중반부터 1960년대에 형성된 것이라는 사실을
밝혀냈습니다.

한국도 마찬가지입니다. 한국의 식품산업도 1960년대 중반부
터 1980년대 중반까지 현대화의 기반을 다졌습니다. 당시 가정의
부엌은 새롭게 등장한 냉장고와 함께 직접 담근 장류와 공장제 조
미료와 양조간장 등이 차지했습니다. 여기에 대를 이어 전수된 요
리법과 식생활 개선을 위해 정부가 주도한 강습회에서 익힌 요리

법 등이 결합한 결과물이 현재 한국인의 식탁 위에 오르는 한식입니다.

지난 백여 년 동안
한국 식탁에
큰 변화가 생긴 거네요? 오늘날 한국인이 소비하는 음식은 여섯 가지 키워드를 관통하면서 구축됐습니다. 1876년부터 대한제국 시기의 '개항', 1910년부터 1937년까지의 '일제강점기', 1938년부터 1953년까지 태평양전쟁과 한국전쟁을 아우르는 '전쟁', 한국전쟁 이후 1970년대까지의 '냉전', 한국인이 경제성장의 결과를 맛보기 시작한 1980년대와 1990년대의 '압축성장', 그리고 1990년대부터 지금까지 진행되고 있는 '세계화'로 이어집니다. 개항·식민지·전쟁·냉전·압축성장의 다섯 시기는 한반도가 세계 식품체제에 편입되어가는 과정이었고 1990년대 이후 세계화가 전면화되면서 한국에서 생산된 식품과 음식이 다른 나라에 전파되기 시작했습니다. 영화 <기생충>이 2020년 아카데미 시상식에서 주목받으면서 뉴요커 사이에서 '채끝 짜파구리' 먹기가 유행이었습니다. 그들이 그 음식을 먹을 수 있었던 배경에는 이미 한국이 세계 식품체제의 한 축을 이루고 있었기 때문입니다.

오늘날 한국인이 소비하는 음식 중에는 개인과 공동체의 취향에 따라 좋은 음식도 있고 나쁜 음식도 있습니다. 개인과 공동체가 판단하는 음식의 취향은 주관적일 수밖에 없지만 또 다른 측면에서 보면 그것은 역사의 산물이기도 합니다.

1905년 9월 19일 저녁 대한제국 황실에
서 서양식 연회가 열렸습니다. 미국 제26
대 대통령 루스벨트의 딸 앨리스 루스벨
트를 초대한 연회였는데요. 당시 임시 황실찬사로 임명된 독일인
'엠마 크뢰벨'이 프랑스식 정찬 코스 요리를 마련했습니다. 메뉴는
아스파라거스 머리 부분을 이용한 스프, 버섯을 곁들인 생선구이,
올리브를 곁들인 비둘기구이, 젤리로 굳힌 푸아그라 파테 등이었
습니다. 도대체 1905년 대한제국에서 이런 재료를 어떻게 구했을
까 의문이 들 수 있지만 당시 프랑스산 식재료는 통조림으로 제조
되어 세계 각국으로 수출되고 있었습니다. 대한제국 황실 주방에
서는 서울에 있던 서유럽 무역상회를 통해 식재료를 구입할 수 있
었고, 이미 서양식 요리도구도 갖추고 있어서 프랑스 요리를 마련
하는 데 큰 어려움은 없었을 것입니다.

우리나라에서 일본으로 건너간 대표 음식
중에 하나가 명란젓입니다. 일본인 중에는
명란젓을 일본 음식으로 여기는 사람들이
꽤 많습니다. 명란젓을 일본어로 하면 '멘타이코'인데요. 명태의
알이라는 뜻입니다. 명란젓의 다른 이름으로 '가라시멘타이코'가

있는데, 여기서 '가라시'는 고추를 말합니다. 명란을 소금에 절인 후 고춧가루를 겉에 바른 젓갈이 '가라시멘타이코'입니다. 명란젓의 경우 우리나라가 먼저 먹었지만 이를 포장하고 상품화한 것은 1930년대 일본인입니다. 일제강점기 시기에 함경남도 홍원군의 '삼호'는 전국에서 명태 어획량이 가장 많은 어항이었습니다. 그런데 당시 일본 어부들이 어항을 장악하고 있었습니다. 일본 상인들은 명란을 통조림으로 가공하여 일본 열도를 비롯해 타이완과 만주로 수출했는데, 일본인이 운영하는 명란 상점에서는 가공한 고급 명란젓을 비싼 값으로 일본 시장에, 하급품을 조선의 내수 시장에 판매했습니다. 일본의 멘타이코는 당시 대한제국에서 일본으로 건너간 음식이지만 명란을 소금에 절여 고춧가루를 입힌 가라시멘타이코는 일제강점기 시기에 조선인과 조선의 일본인에 의해 개발된 것일 수 있습니다.

세계적으로
K푸드 인기가
어느 정도인가요?

미국 아리조나주립대학에 교수인 친구가 있습니다. 그 지역에는 교수 몇 명하고 학생 몇 명 빼고 나면 한국 사람이 거의 없어요. 그런데 최근 한국과 아시아 식품을 전문적으로 판매하는 마트가 문을 열어서 가봤더니 한국의 인스턴트 라면부터 떡볶이 판매 코너까지 그야말로 문전성시였다고 해요. 교수 친구가 장 보러 나온 중남미계 여성에게 왜 K푸드를 좋아하느냐고 물었더니 넷플릭

스에서 본 한국 영화와 드라마에 나온 음식이라서 먹고 싶었다고 말했다고 합니다. BTS를 비롯한 한국 영화와 드라마가 K푸드의 열풍을 불러일으킨 거죠. 이렇게 K-컬처로 시작된 K푸드 열풍은 전문 유통업체의 확장으로 더 거세졌습니다. 북미에 한국 식품을 중심으로 해서 아시아푸드를 주로 판매하는 마트가 각 지역마다 체인점을 운영 중인데 소비자들이 가까이에서 한식을 접할 수 있게 되면서 한식 열풍이 급속도로 퍼지는 계기가 됐습니다. 베트남 전쟁 이후에 북미로 간 베트남 사람들이 안정된 경제 기반을 갖고 있고 태국이나 중국 등 이미 한류의 영향을 받았던 아시아계 사람들이 한국 식품을 상당히 선호해요. 대장금 드라마부터 시작해서 한류의 영향을 받은 사람들이 K푸드를 굉장히 안전하고 맛있고 좋은 식품이라고 생각합니다. 이들이 마트의 주 고객이 되면서 한국인이 없는 동네에도 마트가 입점하게 되고 한국식품 회사 제품이 북미에 진출할 수 있는 기반을 만들어 준 거죠.

K푸드 열풍이
거센 이유는
무엇일까요?

해외에 최초로 수출된 K푸드를 꼽자면 라면과 김치가 있습니다. 과거 베트남 전쟁 때 파월 장병들을 위해 김치 통조림과 라면이 처음으로 수출되었고, 이후 라면 수출은 계속 늘어나 2023년 한국 라면 수출액이 1조 원을 넘겼을 정도로 그 입지를 다지고 있습니다. 우리나라의 인스턴트 라면은 1970년대 정부의 분식장

려정책으로 인해 국물의 맛에 집중하여 다양한 수프 개발에 열중했습니다. 여기에 국수의 품질도 좋아지자 인스턴트 라면의 발생지인 일본에서도 대단한 인기를 끄는 중입니다. K푸드 열풍의 첫 번째 힘인 품질도 이렇게 만들어지는 겁니다. 두 번째 힘은 소비자입니다. 과거 한국인에게 식사란 단순히 끼니 해결의 수단이었지만 2000년대 이후 음식에 진심인 소비자들이 늘어나 K푸드가 발전하는 데 큰 힘이 됐습니다. 하지만 무엇보다 중요한 것은 바로 맛입니다. 양념치킨, 비빔라면, 닭갈비 등 한국의 독특한 매운맛이 인기를 끌고 있는 사례에서 볼 수 있듯이 오늘날 K푸드의 열풍은 세계인이 K푸드의 맛을 수용한 결과입니다.

K푸드는
앞으로도 계속
성장할 수 있을까요?

확실히 K푸드의 가능성은 높은 것 같아요. 이전 정부가 주도했던 한식의 세계화와는 분위기가 아주 다릅니다. 한식 열풍이 계속되기 위해서는 정통성이나 권위를 따지기 보다 어떻게 하면 세계인의 입맛을 더 사로잡을 수 있을지 전략이 필요한 시점입니다. 음식과 민족주의를 연결하는 것은 곤란할 수 있습니다. '음식 민족주의'는 음식을 통해 자신의 민족적 정체성을 찾는 것으로, 자칫 지나치게 한식의 고유성과 우수성만을 강조하는 것은 오히려 K푸드의 생명력을 단축시키는 일이 될 수 있습니다. 지금의 한식이 고유한 우리 것이 아니라 글로벌한 환경 속에서 식재료와 문화가 섞이면서 변화한 것처럼, K푸드도 세계 각국의 문화와 교류하면서 새로운 한식 문화가 만들어지겠죠. K푸드가 지금보다 더 성장하기 위해서는 우리 스스로 왜 세계가 한식을 즐겨 먹게 됐는지 역사적, 문화적 맥락을 찾는 것이 중요합니다. 그걸 알고 있어야 뉴욕과 파리에서, 도쿄에서 베이징에서 K푸드가 현지 문화로 자리잡고 성장할 수 있습니다. 다만 한 가지 걱정스러운 부분은 K푸드가 인기를 얻으면서 정부나 지자체들의 사업 방향이 한 곳으로 몰린다는 점입니다. K푸드의 성장 효과가 국내에서 로컬푸드를 생산하는 농·어민들의 지속가능한 성장과 생존으로 이어질 수 있도록 고민해야 할 시점입니다. 저도 이 고민의 답을 얻기 위해 작년부터 장성군의 로컬푸드를 연구하고 있습니다.

우리가 먹는 음식이 학문적으로 상당히 중요한 거네요?

생물학적인 음식에는 물질이 담겨 있지만 문화적인 음식에는 생각이 담겨 있습니다. 오늘날 한국인의 식사 방식이나 음식 문화의 문제들이 어떤 배경과 과정을 통해 형성됐는지 현시점에 서서 바라볼 줄 알아야 합니다. 그런 안목과 이해를 통해 미래 100년 먹거리에 대한 해답까지 찾을 수 있습니다. 음식인문학은 음식에 초점을 맞추면서 위대한 역사와 문화가 아닌 일상적이고 숨겨진 역사와 문화를 찾아낼 수 있다는 점이 매력적입니다. 앞으로도 국내외를 가리지 않고 다채로운 음식 문화 연구를 이어가고 싶습니다.

독자들에게
전하고 싶은
말이 있나요?

한국 사회가 지난 30년 동안 잘 먹고 잘 살면서 요리하지 않는 사회로 바뀌어가고 있습니다. 홍콩 사람들도 1960년대부터 인구가 급속하게 늘어나니까 아파트에 부엌을 없애버렸어요. 그런데 요리를 해야 인간다워지는 겁니다. 그리고 인간은 함께 식사하는 동물입니다. 혼밥하지 마세요. 코로나19 팬데믹을 거치면서 인간의 공동체가 무너졌잖아요. 매일 같이 할 수는 없겠지만 그래도 가능할 때마다 사랑하는 사람들과 함께 요리하고 식사하는 시간을 가져야 합니다. 오래된 요리법은 공동체가 오랫동안 공유한 자산입니다. 그래야 국내 농민과 어민들을 지킬 수 있고, 가족이나 친구들과 맛있는 음식을 나누면서 따뜻한 공동체를 만들 수 있습니다. 그러니까 여러분, 우리 모두 요리합시다.

주영하

음식을 문화와 인문학, 역사학의 시선으로 해석하고 연구하는 음식인문학자. 한국 음식의 역사와 문화는 물론, 음식의 역사와 문화가 지닌 세계사적 맥락을 살피는 연구를 하고 있다. 마산에서 태어나 서강대학교에서 역사학을, 한양대학교 대학원에서 문화인류학을 공부했다. 1998년 중국 중앙민족대학교 민족학·사회학 대학원에서 문화인류학(민족학) 박사학위를 받았다. 현재 한국학중앙연구원 한국학대학원에서 민속학 담당 교수로 재직 중이다. 2007~2008년 일본 가고시마대학교 심층문화학과, 2017~2018년 캐나다 브리티시컬럼비아대학교 아시아학과에서 방문교수로 지냈다. 지은 책으로는 〈음식전쟁 문화전쟁〉, 〈차폰 잔폰 짬뽕〉, 〈그림 속의 음식, 음식 속의 역사〉, 〈음식 인문학〉, 〈식탁 위의 한국사〉, 〈장수한 영조의 식생활〉, 〈한국인, 무엇을 먹고 살았나〉, 〈조선의 미식가들〉, 〈한식문화사전〉 등을 쓰고, 〈중국 음식 문화사〉를 우리말로 옮겼다 '식탁 위의 글로벌 히스토리' 시리즈(총 10권)를 감수하고 한국어판 특집글을 썼으며, 〈옥스퍼드 음식의 역사〉를 감수하고 해제했다.

우리들의
변호사,
용서와 화해를
말하다.

박준영
재심 전문 변호사

그리스 신화속의 법과 정의의 여신 '디케'는 헝겊으로 눈을 가리고 있다. 인간세상에서 재판할 때, 주관성을 버리겠다는 뜻이다. 또한 손에는 법을 엄격하게 집행하겠다는 뜻으로 칼이나 법전을 들고, 다른 한손에는 편견을 버리고 공평하고 정의롭게 하겠다는 의미로 저울을 들고 있다. 우리나라 대법원 앞에도 한복을 입은 법과 정의의 여신이 서있다. '사람의 생사가 나 한 사람의 살핌에 달려 있으니 밝게 살피지 않을 수 없겠으며, 사람의 생사가 나 한 사람의 생각함에 달려 있으니 신중하지 않을 수 있겠는가' 다산 정약용은 <목민심서>에서 법관의 판결은 밝게 살피고 공정해야 한다고 말한다. 동서고금을 막론하고 공평하고 정의로운 법의 가치를 말하고 있지만 지금의 현실은 꼭 그렇지 않다.

<순천 청산가리 살인사건>부터 <약촌오거리 살인사건>, <나라슈퍼 살인사건>까지 이름만 들어도 알 법한 이 사건들은 모두 재심 판정을 받았다. 법원에서 최종 판결이 난 사건을 다시 따지는 게 재심이다. 재심은 수사와 재판 과정에서 결정적인 흠이 있을 경우에만 제한적으로 받아들여진다. 어쩌면 자신들의 잘못을 인정하는 일이니 법원은 재심 청구를 받아들이는 데 인색할 수밖에 없다. 그렇다 보니 재심 사건으로 무죄가 난 사건은 민주화운동 관련이나 간첩 사건 같은 시국 사건들이 대부분이다. 그것

도 민주화 이후에나 가능했다.

시국 사건의 재심은 정치적인 이유로 수많은 변호사들과 시민사회단체들의 응원을 받지만 형사 재심 사건은 사정이 다르다. 피해자 대부분이 가난하고 힘없는 사회적 약자인데다가 재심 청구에 필요한 증거와 기록 확보도 어렵기 때문이다. 게다가 돈이 되지 않는 사건이니 재심 사건에 주목하는 변호사는 그리 많지 않다. 하지만 세상에는 다른 기준으로 살아가는 사람들이 있는 법이다.

우리나라에 극소수에 해당하는 '고졸 출신' 변호사. 공감과 희망의 사회를 살고 싶은 게 꿈이라는 박준영 변호사는 억울한 누명을 써도 변호사의 도움을 받지 못하는 약자들을 위해 기꺼이 힘든 길을 선택했다. 법의 이름으로 살인범의 누명을 쓴 사람들, 짓지 않은 죄 때문에 수십 년 동안 감옥살이를 해야 했던 사람들 곁에 재심 전문 변호사 박준영이 있다. 그가 말하는 용서와 화해는 어떤 의미일까. 박준영 변호사의 이야기를 들어보자.

네... 바빠야 하는데, 일 진행이 더뎌서 좀 답답합니다. 올해 1월 광주고등법원이 재심을 결정한 '순천 청산가리 막걸리 사건'은 검찰이 대법원에 불복해서 재심 확정이 미뤄진 상태입니다. 그리고 비슷한 시기에 대법원이 재심을 확정한 '진도 송정 저수지 추락 사건'은 광주지방법원 해남지원에서 재심이 진행 중입니다. 우즈베키스탄, 러시아, 조선족 동포 등 앞으로 청구해야 할 외국인 재심 사건도 여러 건 있고요. 그 외에도 포천에서 발생한 교통사고 사망 사건, 북한이탈주민 간첩 사건 등 10여 건이 저를 기다리고 있습니다. 많은 분들의 관심 속에서 진행됐던 '무기수 김신혜 씨 사건'은 선임과 해임이 반복되었습니다. 최근에 다시 맡아서 변호를 하고 있는데요. 올해 안에 1심 판결이 나올 것 같습니다. 속사정을 궁금해하시는 분들이 많은데요. 이야기할 수 있는 적절한 때가 오겠죠. 준비 중인 사건 외에도 도와달라는 요청은 여러 경로로 계속 들어오고 있습니다. 시간과 에너지를 잘 써야 하는데, 이게 쉽지 않습니다.

성적이 좋았다면, 아마 판사나 검사를 했을 겁니다. 사법시험도 1점 차로 합격했고, 사법연수원 성적도 밑바닥이었습니다. 저는 선택의 여지가 없었습니다. 물론 사법연수원 수료 후 곧바로 변호사를 시작한 사람들이 다들 저와 같지 않습니다. 충분한 실력을 갖추고 있음에도 판·검사를 지원하지 않는 분들이 꽤 있습니다. 어렸을 때부터 머리 좋다는 이야기를 많이 듣고 살았는데 진짜 똑똑한 사람이 따로 있었습니다. 사법연수원에서 성실하게 경쟁하지 못한 점도 있지만 뒤쳐지고 밀리면서 '겸손'을 배운 것 같아요. 점점 법적 분쟁이 복잡해지고 있습니다. 이럴 때 일수록 똑똑한 사람들의 능력과 성실함이 공동체를 위해 쓰여야 하는데, 사법 시스템에 대한 불신이 커지면서 판·검사들이 직업적 사명감을 지키기 어렵다는 이야기가 꽤 들려옵니다. 고액의 수임료를 받는 변호사보다는 세상에 대한 애정을 키워가며 판·검사직에서 오랫동안 일할 수 있는 사회 분위기가 절실히 요구됩니다.

사법시험 합격 후에 인생이 많이 달라졌나요?

많이 달라졌지요. 무시하거나 함부로 대하는 사람이 없거든요. '만인은 법 앞에 평등하다'는 말과 쌍벽을 이루는 거짓말이 '직업엔 귀천이 없다'는 말입니다. 한동안 고시 합격에 취해 살았는데, 요즘은 1점 차로 합격해서 다행이지 1점 차로 떨어졌다면 어떤 모습으로 살아가고 있을까 이런 생각 할 때가 종종 있어요. 욕심 많고 말 잘하기 때문에 남 등쳐 먹고 살지 않았을까 싶거든요. 한때는 학연, 지연이 없는 고졸 변호사여서 힘들었다는 이야기를 하고 다녔어요. 그런데 돌이켜보면 참 부끄러워요. 흔히들 기본이라고 생각하는 것마저 없어서 낙오가 아니라 출발도 제대로 하지 못한 경우가 얼마나 많은데요. 무모한 시도나 실수가 용인되던 시절을 살면서 얻어낸 기회를 잘 활용해서 고시 합격이라는 타이틀을 가졌는데, 힘들었다...웃기는 얘기죠. 20년 가까이 변호사 생활을 하고 있습니다. 돈을 적지 않게 벌 때도 있었는데, 그 당시 부끄러운 변론도 꽤 했습니다. 돈 잘 버는 변호사가 다 이렇다는 건 아닙니다. 요즘 돈으로 보상되는 액수만큼 일의 가치를 평가하는 분위기가 확산되는 것 같아요. 이러한 사회의 가치 풍토에 대해 비판과 성찰이 필요하다고 봅니다. 낮춰보는 시선에 아랑곳하지 않고 정직하게 땀 흘려 일하는 분들을 존경합니다. 이분들이 정직한 보수와 정직한 평가를 받을 수 있는 사회가 되면 좋겠습니다.

첫 재심 사건이 궁금해요.

성적이 안 좋고 인맥도 없어서 취업이 쉽지 않았습니다. 서울에서 일하고 싶었는데, 받아주는 곳이 없었습니다. 우여곡절 끝에 수원에 둥지를 틀었는데, 수원은 아무런 연고가 없는 곳이었습니다. 고용 변호사로 일하다가 1년 반 정도 지나 수원에서 변호사 사무실을 열었습니다. 그런데 기대와 달리 사선 변호 사건이 별로 없었습니다. 어쩔 수 없이 국선 변호를 많이 했어요. 열등감을 느낄 때도 종종 있었습니다. 그런데 제 운명을 바꾼 '수원 10대 소녀 상해치사사건'을 국선 사건으로 맡게 된 거예요. 인생사 새옹지마라 하잖아요. 뒤처지고 실패했다고 생각했는데, 이게 기회로 연결된 거예요. 이

사건은 가출 청소년 5명과 지적 장애 노숙인 2명, 총 7명이 사람을 죽였다는 누명을 쓴 사건인데 모두 무죄로 풀려났습니다. 조희대 대법원장이 인사청문회에서 '가장 기억에 남는 사건'으로 꼽았습니다. 대법원장님은 2심 재판장이셨습니다. 선입견, 편견 없이 따뜻한 시선으로 꼼꼼히 살펴주셨습니다.

'수원 10대 소녀 상해치사 사건'이 변호사 인생의 전환점이 된 거네요? 맞습니다. 나름 열심히 했지만 억울함만 보고 했던 게 아니에요. 무죄 받으면 변호인으로서 제가 많이 알려지겠다는 생각이 앞섰어요. 2022년 여름에 SBS 윤춘호 논설위원과 인터뷰를 한 적이 있는데, 그때 윤춘호 위원이 수원 사건을 변호할 당시 저를 도왔던 경기도 청소년상담복지센터 유순덕 소장님께 저에 대해 여쭤보셨더라고요.

> "그때 저희 센터에서 이 사건을 돕기 위해 TF를 꾸렸거든요. 거기에 가셨던 선생님들 이야기가 박준영 변호사가 이 사건으로 개인적인 기회를 잡으려고 하는 것 같다, 언론 플레이를 하는 것을 보니 그러더라는 겁니다. 저희들 입장에서는 순수한 정의감으로 일하면 좋겠지만 아이들을 도울 변호사가 있다는 것만으로 다행이었고 그분의 그런 의도를 우리도 이용할 수 있는 거 아니냐 생각했습니다."
>
> <[그사람] 용서와 화해를 말하는 '재심 변호사' 박준영의 꿈>

제 욕심을 다 알고 계셨어요. 그런데 드러내지 않으셨거든요.

그 당시 제 욕심과 허물을 감싸주시고 묵묵히 도왔던 분들이 계셨기 때문에 수원 사건이 제 인생의 전환점이 되었다고 생각합니다. 흠을 들추고 잘못을 꼬집는 것보다는 도자기를 굽는 가마처럼 아름다운 예술품으로 '훈도'해주는 사회를 꿈꿉니다.

재판 과정에서
잘못된 판단을 하는
이유는 뭘까요?

오판 사례를 분석한 국내외 연구결과가 크게 다르지 않습니다. 허위자백, 피해자·목격자의 허위 또는 오인 진술, 과학적 증거의 오류 등이 지적되고 있습니다. 허위자백의 원인은 시대 변화에 따라 달라졌습니다. 1980~90년대에는 고문, 폭행, 협박, 신체구속의 부당한 장기화 등의 비중이 높았지만 2000년대 이후에는 회유나 유도 신문 등 참기 힘든 물리력 행사가 있다고 보기 어려운 상황에서 허위자백을 하는 경우가 주목받고 있습니다. '수원 10대 소녀 상해치사사건'에서는 7명이 회유나 유도 신문 등을 버티지 못하고 사람을 때려 죽였다는 자백을 했습니다.

오판 연구에서 드러난 '인간 심리의 타고난 결함'은 우리가 주목해야 할 부분입니다. 우리는 가정, 학교, 직장 등에서 일상생활을 하며 무수히 많은 판단을 합니다. 이 과정에서 성급함, 편협한 태도, 오해와 오인 등으로 불의한 일이 벌어지기 때문입니다. '진도 송정 저수지 추락사건'은 과학적 증거의 오류가 오판의 주된 원인이었습니다. 과학적 증거 중에는 DNA와 같이 객관적이고 정량화가 가능해서 신빙성이 높은 증거도 있지만 일부 증거는 해석과 판단과정에서 '주관'이 개입되는 경우가 적지 않습니다. 결론을 미리 정해놓고 과학을 그 근거로 활용하려 하는 경우 오류 발생 가능성이 커지는 것 같습니다. 과정과 절차보다 실적과 목표가 강조되는 사회의 모습이기도 합니다.

재심 사건을
맡으면서
느끼는 바가 많겠어요? '순천 청산가리 막걸리 사건'은 아버지와 딸이 아내이자 엄마를 청산가리를 섞은 막걸리를 마시게끔 하여 살해하였다는 이유로 각각 무기징역과 징역 20년을 선고받았는데, 얼마 전 재심 개시결정과 함께 형집행정지가 되어 부녀가 출소했습니다. 저는 순천 사건을 통해 언어의 중요성을 절실히 느꼈습니다. 자기 경험과 삶을 설명할 수 있는 언어를 갖지 못하면 얼마든지 억울한 일을 당할 수 있습니다. 순천 사건은 '증거'가 아닌 '감'으로 진행된 수사였습니다. 검사실 조사 영상을 보면 검사와 수사관은 자신들의 머릿속 시나리오를 주입하기 바쁘고 언어가 부족한 부녀는 뭐라고 반박해야 할지 모릅니다. 조서에는 부녀의 부족한 언어가 왜곡되어 정리되었고, 제대로 읽지 못하고 한 서명·날인은 무거운 책임의 근거가 되었습니다. 이런 사건에서 변호사는 언어가 부족한 분들의 입이 되어 이들의 처지와 상황을 잘 설명하는 게 중요합니다. 이게 참 어려운 것 같습니다. 최근에 외국인 재심 사건을 준비하면서 더 절감하는 문제입니다.

변호사로서 가장 큰
장점은 무엇인가요? 스스로 직업인으로서의 장점을 이야기한
다는 게 민망한데요. 한때는 조세, 특허,
금융 등 화이트칼라 사건을 다뤄보고 싶었고 공부도 나름 했습
니다. 그런데 제가 부족해서인지 기회가 쉽게 찾아오질 않더라고
요. 어쩌다 재심사건을 주로 하는 변호사가 되었는데요. 저는 사
건을 통해 우리 사법시스템의 실상을 제대로 경험하고 있다고 생
각합니다. 난이에 잘 된 실내에서 겨울이라는 계절의 실상을 느낄
수 없습니다. 얇은 옷을 입고 밖에 나가야 살을 에는 추위를 느낄
수 있거든요. 사법시스템의 실상도 가장 낮은 곳에 있는 사람들이
겪고 있는 곤경을 통해 확인하는 게 반드시 필요하다고 봅니다.
그리고 '감옥으로부터의 사색'의 저자 신영복 선생님이 이런 말씀
을 하셨어요. 어떤 사람의 인생에 대한 평가는, 삶 속에 그 사람이
살아온 시대의 모순이나 아픔이 얼마나 담겨있는지를 봐야 한다
고요. 변호사로서 제가 하는 일의 장점은 제가 살고 있는 이 사회
의 모순과 아픔을 담아낼 수 있다는 겁니다.

재심 사건의 피해자와
가해자들의 화해를 돕고
있다면서요? 돕고 있다고 말할 정도는 아니고요. 여러
시도를 해보는 중입니다. '약촌오거리 택
시기사 살인사건'에서 법정에 나와 증언을

한 경찰이 자살했습니다. 부모의 보살핌이 필요한 자녀들을 둔 가장이었거든요. 사건 당시 막내 경찰이어서 지시에 따르거나 분위기를 거스르지 못했던 사정도 있었을 겁니다. 이런 점에 대한 배려 없이 폭행을 주도한 고참 경찰들과 싸잡아 비난했습니다. 법정에서 큰 소리로 추궁했고요. 저는 정의로움에 취해 있었고 막내 경찰은 저 때문에 과한 비난을 받았습니다. 사건의 충격적인 모습을 이런 식으로 공론화하는 게 누구를 위한 일인가 고민하는 계기가 되었습니다. 한 사건으로 그 사람의 삶 전체를 부정하면 안 되고, 그 사람의 가족이 받는 고통도 살펴야 할 것 같아요. 그래야 가해자는 자신의 잘못을 깨닫고 반성하는 모습을 보일 수 있고, 피해자는 용서와 화해를 고민해 볼 수 있을 것 같거든요. 너무 이상적이라고 하실 분들도 계실 것 같아요. 어렵습니다. 하지만 조금씩 시도를 해보자는 겁니다. 주어진 조건에서 하나씩 시도하고 배워가는 게 삶의 기술이라고 생각합니다. 과장되고 분노 섞인 발언과 차분한 사고에서 나온 주장의 차이는 분명히 있습니다. 호의적이고 품위 있는 말과 글을 함께 고민했으면 합니다.

가해자들의 사죄가
쉽게 이뤄질까요?

진실·화해를 위한 과거사정리 기본법에는 '완전한 진실을 고백한 가해자에 대한 화해조치'를 담고 있습니다(제38조). 진실규명의 과정에서 가해자가 가해사실을 스스로 인정함으로써 진실규명에 적극 협조하고, 그

인정한 내용이 진실에 부합하는 경우에는 가해자를 처벌하지 않거나 감형을 받게끔 하자는 내용입니다. 이러한 형사상의 선처뿐만 아니라 민사상 배상책임의 감면도 함께 고려할 필요가 있다고 생각합니다. 사과와 반성 이후 감당해야 할 책임을 줄여주면 용기 있는 고백도 가능하지 않을까 생각합니다. 미국에서 본인이 수사했던 사형수를 찾아가서 사과했던 사례가 있습니다. 글렌 포드라는 사람이 1983년에 1급 살인죄로 사형 선고를 받았는데 30년이 지나서 진범이 따로 있다는 사실이 밝혀져요. 글렌 포드는 30년 만에 무죄가 확정됐지만 말기 폐암 투병중이었습니다. 사형 선고 당시 담당 검사였던 마티 스트라우드가 찾아가서 정말 죄송하다고 말했지만 피해자는 유감이지만 용서는 못하겠다고 말했죠. 근데 스트라우드 검사는 이렇게 사과만 한 게 아니라 지역 신문에 기고도 하면서 자신의 잘못을 고백합니다. 안타깝게도 글랜 포드는 얼마 지나지 않아 사망하는데, 아이러니하게도 기구한 운명의 글렌 포드 보다는 자신의 잘못을 고백하고 용서를 구한 스트라우드 검사가 더 회자가 됩니다. 칭찬도 많이 받았고요. 이것이 시사하는 바가 있거든요. 잘못을 고백하고 용서를 구했을 때는 사람들이 잘못을 고백한 사람의 과오도 보지만 그 용기에 주목하여 응원하는 모습을 보인다는 거죠.

**재심으로
무죄를 받은 분들과 함께
<등대장학회>를
만드셨죠?**

재심으로 무죄를 받고 나면 피해자들에게 배상금과 보상금이 나오는데 이분들이 주신 돈을 2017년부터 모아왔습니다. '삼례, 약촌오거리 사건' 때부터인데요. 2022년에 '낙동강변 살인사건'으로 억울하게 옥살이를 하신 분들이 적지 않은 돈을 내놓으셨습니다. 그렇게 모은 돈으로 어려운 가정의 아이들을 지원해 오다가 지난 해 가을 <등대장학회>를 설립했습니다. 공익성을 담보하는 기본 재산이 5억 원인 공익 재단법인입니다. 갈수록 각박하고 살기 힘들다고 하는데 경제적으로 어려워진 가정의 아이들이 꿈을 지킬 수 있도록 돕는 활동을 체계적이고 지속적으로 할 계획입니다. 장학회 활동을 통해 우리 사회의 인정이 곳곳에 많이 남아 있고 우리가 키워낼 수 있다는 걸 얘기하고 싶습니다. 이 자리를 빌어 시민들에게 후원을 부탁드립니다. 모아주신 돈은 곤경을 겪고 있는 아이들을 위해 쓰입니다. 저는 장학회에서 감사직을 맡고 있습니다. 정직하게 운영되도록 하겠습니다.

**어떤 변호사로
기억되고 싶으세요?**

핸리 스위트 사건(1925년)에서 클래런스 대로 변호사가 멋진 변론을 했거든요. 흑인들이 노예제에서 공식적으로 해방되었다고 하지만 현실에서 어떤 곤경을 겪고 사는지 막힘없이 설명하며 이런 말을 했습니다. *"법적으로는 그들이 평등해졌지만, 사람들의 인식은 아직 아닙니*

다. 결국 핵심은 '인간이 무엇을 이루었는가'에 있습니다. '법이 무엇을 이루었는가'가 아닙니다." 그로부터 100년이 지난 지금도 이 질문은 여전히 유효합니다.

대로는 또 이런 말을 했습니다. "결국 현실에서 모든 인간의 삶은 불가피하게 다른 이들의 삶과 얽혀 있으므로, 우리가 어떤 법을 통과시키고 그 어떤 예방조치를 하더라도, 우리가 만나는 사람들이 호의적이고 품위 있고 인간적이고 자유를 사랑하지 않는다면 자유는 존재하지 않습니다. 자유는 법과 제도보다는 인간에서 나오는 것입니다."- <정의는 어떻게 실현되는가. 흐름 출판> 법이 실제보다 추상적 이론을 앞세울 때가 많습니다. 현실 속 우리의 모습에서 출발하여 함께 우리가 나아가야 할 방향을 이야기하는 변호사가 되고 싶고 그렇게 기억되길 바랍니다.

이루고 싶은 꿈이 있나요? 모르겠어요. 얼마 전 고향 친구와 술을 마시고 노래방에 가서 유재하의 '가리워진 길'을 불렀어요. <보일 듯 말 듯 가물거리는 안개 속에 싸인 길, 잡힐 듯 말 듯 멀어져가는 무지개와 같은 길. 그 어디에서 날 기다리는지 둘러 보아도 찾을 수 없네. 그대여 힘이 되주오. 나에게 주어진 길 찾을 수 있도록 그대여 길을 터주오 가리워진 나의 길. > 많이 울었습니다. 보일 듯 말 듯하고 잡힐 듯 말 듯 합니다. 흠 많은 인간으로 우여곡절을 거듭하지만 큰 실망 드리지 않고 마무리하면 좋겠습니다. 이 과정에서 저의 말과 글 그리고 실천이 누군가에게 용기와 희망의 동력이 되길 바랍니다. 자녀들이 행복하게 살길 바랍니다. 이 꿈을 위해 부모로서 기본적인 노력을 하고 싶습니다. 경제적인 기본은 낮추고 정서적인 기본은 높여 잡고 싶습니다.

박준영

재심 전문 변호사. 1974년 전남 완도 노화읍
출생. 노화종합고등학교 졸업 후 목포대학교
전자공학과 중퇴. 2002년 제44회 사법시험
에 합격하고 사법연수원 35기 수료한 후 수원
시에서 변호사로 개업했다. 2007년 '수원역
10대 소녀 상해치사 사건'의 재심을 계기로 국
내 최초 재심 전문 변호사로 활동 중이다. 대
표 재심 사건으로는 '약촌오거리 택시기사 살
인사건', '무기수 김신혜 사건', '삼례 나라슈퍼
강도치사 사건', '낙동강변 살인사건', '8차 화
성 연쇄살인 사건', '순천 청산가리 막걸리 사
건' 등으로 영화 '재심'과 '소년들'의 실제 주인
공 변호사다. 2015년 제3회 변호사 공익대상
(개인부분)수상, 2016년 헌법재판소 모범 국
선대리인 표창, 민간 분야 법조 관련 상 중에
최고 권위의 상인 〈제15회 영산법률문화상〉
을 수상했다.

이토록 유익한 인터뷰
ⓒ정지효,2024

초판 인쇄   2024년 12월 3일
초판 발행   2024년 12월 9일
지은이   정지효
편집 디자인   라이트라이프

펴낸곳   라이트라이프
출판등록   2016년 2월 29일 제2019-000026호
전자우편   lite_life@naver.com
인스타그램   @litelife

ISBN 979-11-957585-7-9 03040
값은 뒤표지에 있습니다. 잘못된 책은 구매한 곳에서 교환해 드립니다